RECHERCHES HISTORIQUES SUR LA COMMUNE DU PELLERIN ET NOTICES SUR LES COMMUNES de Saint-Jean-de-Boiseau, Port-Saint-Père, Cheix, Rouans, Sainte-Pazanne et Vue

PAR

RENÉ DE VEILLECHÈZE

Ancien Maire du Pellerin, ancien Membre du Conseil Général de la Loire-Inférieure, Chevalier de la Légion d'honneur

---

SECONDE ÉDITION

REVUE ET COMPLÉTÉE PAR A. DE VEILLECHÈZE

Avec l'indication des fiefs et juridictions de l'ancien comté de Nantes, situés dans le canton du Pellerin.

VANNES
IMPRIMERIE LAFOLYE
—
1897

RECHERCHES

HISTORIQUES

SUR LA COMMUNE DU PELLERIN

RECHERCHES
HISTORIQUES
SUR LA COMMUNE DU PELLERIN

ET

NOTICES SUR LES COMMUNES

de Saint-Jean-de-Boiseau, Port-Saint-Père, Cheix, Rouans, Sainte-Pazanne et Vue

PAR

RENÉ DE VEILLECHÈZE

Ancien Maire du Pellerin, ancien Membre du Conseil Général de la Loire Inférieure, Chevalier de la Légion d'honneur

---

SECONDE ÉDITION

REVUE ET COMPLÉTÉE PAR A. DE VEILLECHÈZE

Avec l'indication des fiefs et juridictions de l'ancien comté de Nantes, situés dans le canton du Pellerin.

VANNES

IMPRIMERIE LAFOLYE

—

1897

INTRODUCTION

Nous nous sommes livré à de nombreuses recherches, et nous avons pu nous procurer de précieux documents concernant la commune du Pellerin. C'est surtout dans les ouvrages de dom Morice, bénédictin de la congrégation de Saint-Maur (Mémoires pour servir de preuves à l'histoire ecclésiastique et civile de Bretagne) ; *de l'abbé Travers ; de dom Lubineau ; d'Ogée* (Dictionnaire de Bretagne) ; *de Chevas* (Journal l'Écho de Paimbœuf) ; *de Lucas de la Championnière, etc., que nous avons trouvé des aveux, des titres, et des notices chronologiques qui nous ont mis à même d'écrire l'histoire succincte, mais exacte, du Pellerin.*

DE VEILLECHÈZE.

AVANT-PROPOS

La Loire, en latin Liger, *traverse dans toute sa longueur, de l'Est à l'Ouest, le département de la Loire-Inférieure. Elle passe à Nantes, à Chantenay, à la Basse-Indre, à Indret, à Couëron, au Pellerin, à Lavau, à Paimbœuf, à Donges, et se jette dans la mer à Saint-Nazaire.*

La pente des eaux de ce fleuve, de Nantes à Paimbœuf, dit Guéraud dans sa géographie, est de trois mètres environ.

Dans le canton du Pellerin, l'air est tempéré et humide, et pourtant généralement sain, excepté sur les bords des marais traversés par l'Acheneau.

Les vents les plus fréquents sont ceux de l'Ouest, du Sud-Ouest et du Nord-Ouest.

LE PELLERIN

Sancta Maria de Peregrino, — Peregrini, — Peregrinum, — Pontage, — Pontello, — Pontellum, — Pelerino, — Pèlerin, — Le Pellerin.

Les noms de *Pontello*, de *Pontellum* viennent de deux mots bretons : *Pont-Tellou* ou *Pont des Tailles*. Car jadis il se percevait un droit de tonnage au Pellerin ; et, en l'année 1615, un arrêt maintint l'office de compteur de poisson au Pellerin.

Quant à ceux plus anciens de *Peregrino*, de *Peregrini*, *Peregrinum*, ils font admettre que là où se trouve actuellement le bourg, étaient venus s'établir des voyageurs ou pèlerins. La position ne pouvait être mieux choisie, elle est admirablement belle. La vue s'étend sur une partie des communes de Couëron et de Saint-Etienne-de-Mont-Luc ; elle se repose délicieusement sur les îles nombreuses et toujours vertes dont la Loire est parsemée. Dans un horizon lointain, on distingue le sillon de Bretagne. On jouit encore d'un coup d'œil magnifique, en contemplant le fleuve superbe qui passe rapide, emportant vers l'Océan de nombreux vaisseaux.

Cette petite ville est un des chefs-lieux de canton du département de la Loire-Inférieure. Sa superficie est de 3.065 hectares. Le nombre des habitants s'élève à 1800 ; en le rapprochant de la contenance territoriale, on trouve que chaque individu occupe 169 mètres 72 centimètres superficiels. Cette population est disséminée dans le bourg et dans 49 villages, hameaux et métairies.

Le Pellerin est bâti sur un côteau qui s'élève en amphithéâtre, et qui borde la rive gauche de la Loire, à 20 kilomètres de Nantes, et à 28 de Paimbœuf.

Ses principaux villages sont : la Martinière, le Pé-de-Buzay, le Grand-Chemin, la Béhinière et la Bricolière.

Le sol est granitique : mais, du côté du fleuve, on ne trouve qu'un terrain d'alluvion.

Ses exportations consistent, principalement, en froment, foin, vin et vinaigre.

Le Pellerin possède une justice de paix, un bureau des postes, un bureau d'enregistrement, une recette des contributions indirectes, une capitainerie des douanes. C'est aussi un chef-lieu de perception.

Le canton est composé de sept communes : Le Pellerin, Saint-Jean-de-Boiseau, Port-Saint-Père, Cheix, Sainte-Pazanne, Rouans et Vue.

On ne peut savoir quel était le Pellerin avant le dixième siècle. On trouve, dans l'histoire de Bretagne, qu'Alain Barbe-Torte, s'étant rendu maître de la ville de Nantes, fit trois parts des biens que lui avaient donnés ses conquêtes. L'une fut pour lui, l'autre pour l'évêque qu'on lui avait adjoint et qui partageait le pouvoir avec lui, et enfin la troisième fut abandonnée aux guerriers qui l'avaient vaillamment secondé. Ne peut-on pas expliquer ainsi l'origine des nombreux fiefs qui entouraient la ville de Nantes, dans un rayon renfermant le territoire de la commune du Pellerin ?

Richierus Dominus feodi de Bastardierâ. — Ce An 1000
Richer, seigneur du fief de la Bastardière, commune de Gorges, près de Clisson, eut un fils qu'il nomma Rouaud-Bastard.

Ce Rouaud-Bastard épousa Orhuande, dame du An 1040
Pellerin-sur-Loire *(de Peregrino)*. La coutume s'introduisit alors de prendre un nom de famille provenant d'un fiief. Dans des titres très anciens, on trouve indifféremment *Roaldus-Bastardus*, *Roaldus de Peregrino* (Roald-Bastard, Roald du Pellerin), et, d'après des chartes de cette époque, ce même Roald prenait encore les noms de Ruald et de Rouaud, qui, au dire des chroniqueurs, était un très noble guerrier *(nobilissimus miles)*.

Du mariage de Rouaud et d'Orhuande naquit un fils auquel on donna le nom de Robert-Bastard. Ce fut à l'occasion de cette naissance que Ruald fonda le Prieuré du Pellerin. Il lui assigna tous les revenus ecclésiastiques et les dîmes qu'il possédait dans un grand nombre de paroisses. L'acte fut passé à Nantes, en présence de Mathias. comte de cette ville, et de son épouse Hermangarde. Deux moines devaient constamment y rester. L'acte de fondation est ainsi conçu :

« Divinæ vocis inspiratus instinctu, ego Rualdus, seculari » militie dedictus, pro redemptione animæ meæ, parentum» que meorum, dedi beato Martino, monachisque majoris Mon. » perpetualiter, possidendum quidquid Ecclesiæ, quidquid » altaris, quidquid decime videbar habere in Domino. Earum » quoque rerum quas ego quidem in Domino non habebam, » sed eas de me tam presbyteri quam Laïci tenebant, similiter » ut propriarum eidem santo donum effeci, ita silicet, ut » quisquis hominum nunc usque ad me, sic decime, sic » altaris, vel ecclesiæ, aliquid tenuisse dinoscitur ; idipsum » si penitus desirere noluerit, ab abbato, monachisque ma» joris Mon. teneat. De portionibus vero presbyterorum quas » ipsi de me usque tenuisse videntur licet eas eodem modo » quo cætera. memorato sancto contulerim, sic tamen assen» tior fieri quemadmodum inter presulem nostrum et abba» tem supradicti loci concordia pari convenit. Quecumque » igitur ego Rualdus habere videbar sive propria sive illa » quæ de me tenebantur tam à presbyteris quam et à laïcis » ad altaria, ecclesiasque pertinentia Santæ Mariæ vidilicet de » Peregrino Santi Petri de Radesio juxta castrum quod voca» tur ad Sanctam Opportunam, Santi Nazarii de Sinuario, » sed et de Scublaco, de Dongio et de Varethda, omnia » prorsus nihil excipiens pro redemptione animæ meæ, » concessi beato Martino, ea sane ratione, ut horum omnium » locorum, sit caput jam dicta ecclesia Santæ Mariæ de Pere» grino. Ipsa competenti volo reparetur semate, ipsa docenti » tractetur honore, ibique sinon a pluribus vel a duobus » assidue, maneatur monachis. Hanc autem donationem a » me factam, assensu volontateque Orhuandis, uxoris meæ,

» filii quoque mei, ac fratrorum Candelabri, atque Jarnego-
» nis, sororumque Immoguent, Orvalis et Ceciliæ, nec non
» hominum meorum. » (Titre de Marmoutier cité par dom Morice, religieux bénédictin).

TRADUCTION

« Par l'inspiration divine, moi Roald, pour le rachat de
» mon âme et de celle de mes parents, je donne à perpétuité
» à Saint-Martin et aux moines de Marmoutiers tout ce que
» je puis posséder en domaine de l'église. de l'autel ou de la
» dîme. De toutes les choses que je n'ai pas en domaine,
» mais que les prêtres ou les laïcs tiennent de moi, j'en fais
» également don au même saint. De sorte que quiconque
» maintenant jusqu'à moi, croit avoir tenu quelque chose
» soit de l'autel, soit de l'église, s'il ne veut pas l'abandonner
» tout-à-fait, le tienne, à l'avenir, de l'Abbé et des Moines.

» Quand aux portions que les prêtres ont pu tenir de moi
» jusqu'à présent, je les donne de la même manière au même
» saint. Cependant il conviendra que l'évêque et l'abbé de
» Saint-Martin s'entendent à ce sujet.

» C'est pourquoi, tout ce que je pouvais avoir, soit en
» propre, soit de ceux qui tenaient de moi, prêtres ou laïcs,
» appartenant aux autels ou églises de Saint-Martin du
» Pellerin, moi Roald, je les donne et concède à Saint-Martin
» pour le salut de mon âme, à savoir :

» L'église de Saint-Pierre-en-Retz, auprès du château de
» Sainte-Opportune ; de Saint-Nazaire du golfe ; d'Escoublac,
» de Donges et de Varades, sans en rien excepter (1).

» A cette condition que la dite église de Sainte-Marie du
» Pellerin soit le chef de tous ces lieux. Je veux qu'elle soit
» réparée par un ciment convenable ; qu'elle soit traitée avec
» honneur ; et s'il n'y a point un grand nombre de moines,
» qu'il lui en reste deux assiduement.

» Cette donation, faite par moi, a été confirmée par le
» consentement et la volonté d'Orhuande, mon épouse, de

(1) Les anciens seigneurs du Pellerin pourraient avoir une origine commune avec les premiers vicomtes de Donges, de Saint-Nazaire, d'Escoublac, etc. (Ernest DE CORNULIER)

» mon fils, de mes frères Candélabre et Jarnogon, de mes » sœurs Imnoguen, Orvale et Céciles, ainsi que de mes » hommes (1). »

Cette pièce indique, d'une manière certaine, que, vers le milieu du onzième siècle, le Pellerin avait une église sous le vocable de Sainte-Marie, qui dut être la première patronne de ces bords de la Loire (*Sancta Maria de Peregrino*).

An 1060 Rouaud fit donation aux moines de Redon, pour le salut de son âme, de la quatrième partie de l'île de Her. L'acte fut rapporté à Savenay, en présence de plusieurs témoins, au nombre desquels se trouvèrent Païen, Judicael, fils du donateur ; Conan, comte de Nantes ; Alvéo, archidiacre, etc. Les moines y bâtirent un monastère qui, de l'habit noir de ces religieux, prit le nom de Noirmoutier. Ce nom fut, plus tard, donné à toute l'île.

An 1062 Le même Rouauld, ou Roald, fit une autre donation à l'église de Saint-Cyr, et à Sainte Juliette de Nantes, pour la rédemption de son âme, pour celle de son père Richer et pour celle d'Orhuande, sa femme. Païen, Judicael et Robert, ses fils, furent témoins.

An 1063 Quiriac, évêque de Nantes, donna l'église du Pellerin aux moines de Marmoutier. A cette époque les évêques disposaient des églises en vertu de la

(1) Le prieuré du Pellerin se trouvait au levant de l'église. Il possédait un jardin dont un des murs le séparait de l'ancien cimetière (voir année 1673). Les bâtiments existent encore aujourd'hui, mais en ruine.

décision du Concile de Reims, de l'année 1049, obligeant tous les laïcs qui possédaient, par simonie, des autels et des lieux de prière, de les remettre aux évêques.

Airard avait été chassé de l'évêché de Nantes. An 1064
Il se rencontra dans l'abbaye de Marmoutier avec son successeur Quiriac qui fit dresser l'acte suivant :

« Que tous sachent que nous avons accordé à Saint-Martin » tout ce que notre prédécesseur Airard lui avait accordé. » Nous concédons, en outre, pour en jouir, le presbytère de » Sainte-Marie du Pellerin (*Pontage*). »

L'évêque Quiriac confirma, avec plus de détail, An 1065
l'acte de l'année précédente :

» Quiriacus Namnet. Episc. concedo majori mon. in Radezio quidquid Rodaldus tenuit in ecclesiâ santi Petri quod est » sita juxta sanctam Opportunam, excepto presbyteratu. » Similiter quidquid Rodaldus tenuit in ecclesiâ Sanctæ Mariæ » de Pontello, et presbyteratum ejusdem ecclesiæ, in vitâ » mea. Et quia Pontellum quod dicitur Peregrinum de anti- » quo jure, est nostræ ecclesiæ, persolvent, singulis annis, » ecclesiæ Namnet. unum donarium de bono et purissimo » auro, in festivitate SS. apostolorum Petri et Pauli. » (Dom Morice). etc.

TRADUCTION

« Moi Quiriac, évêque de Nantes, j'accorde aux moines de » Marmoutiers tout ce que Rouaud a possédé dans l'église de » Saint-*Pierre*-en-Retz, auprès de Sainte-Opportune, excepté » le presbytère. J'accorde, également, tout ce que Rouaud a » possédé dans l'église de Sainte-Marie du Pellerin, et le presbytère de la même église, pendant ma vie. Et parce que » Pontellum, appelé aussi Peregrinum, est de droit commun » à notre église, les moines, chaque année, paieront à la fête » des Saints apôtres Pierre et Paul un denier d'or bon et très-

» pur, à l'église de Nantes. Si les moines sont tardifs ou négli-
» gents à payer l'impôt, qu'il soit permis de les corriger légale-
» ment et de posséder pour toujours ce qui a été mis en leur
» possession. Du consentement et de la volonté de nos clercs,
» nous vous accordons cela d'après la règle et nous interdisons
» par la sainte et vénérable Trinité à tous nos successeurs d'y
» changer aucune chose et, afin que le don soit conservé pour
» tous, nous l'avons fortifié de notre propre main, l'avons fait
» signer par nos clercs et avons ordonné de la Sceller de notre
» sceau. » Signum dominum Quiriaci.

La famille Rouaud conserva, plus de deux cents ans, la seigneurie du Pellerin-sur-Loire, Dom Lubineau fait observer, dans son histoire, qu'il y avait au Pellerin des seigneurs particuliers qui en portaient le nom.

An 1070 Judicaël, fils de Rouaud, figure dans un acte de donation faite par Gaufred, vicaire de Guérande, qui donnait aux moines de Redon le sixième dans l'île de Trignac, en Donges, qu'il tenait de Judicaël. (*Chevas*).

An 1080 L'évêque Benoist donna l'église de Pontchâteau à Rouaud du Pellerin, qui avait épousé dame Orvenem, dont la famille est restée inconnue. De ce second mariage était né un fils nommé Norman, qui épousa Odicie, dame de condition, de laquelle il eut deux enfants, Guéhénoc et Pierre, dit Pierre du Pellerin. Norman répudia sa femme et prit l'habit de moine à Redon. Odicie se fit religieuse, et leur fils Pierre passa en Palestine.

An 1082 La seigneurie du Pellerin passa à Guillaume Bastard, seigneur de la terre de Cormaillière, près Fougères.

Robert Bastard, fils de Rouaud Bastard et An 1087
d'Orhuande, dame du Pellerin-sur-Loire, mourut âgé de quarante-six ans.

Pierre de Pellerin, fils de Norman et d'Odicie, An 1099
est cité comme un des principaux seigneurs qui, à cette époque, marchèrent à la conquête de la Terre Sainte.

Thomas, fils de Païen du Pellerin, fut témoin, An 1101
à Redon, de la donation faite à l'abbaye de Saint-Sauveur de cette ville, par Norman, son oncle, d'une partie des dîmes de Berlé, d'Allarac et de Béthavolon.

Judicaël, fils de Païen du Pellerin, fut l'un des témoins de la publication ordonnée par le duc Alain-Fergent, pendant la tenue du Concile de Nantes, des donations qu'il faisait à diverses abbayes.

Le même Judicaël figure en 1105 au nombre An 1105
des témoins en présence desquels Alain Fergent fit publier à Nantes les diverses donations qu'il faisait aux abbayes. Judicaël était alors au nombre des barons du duc.

Judicaël est encore désigné comme témoin de la An 1110
donation faite par Alain-Fergent et par sa femme Hermengarde, à l'abbaye de Marmoutiers, de la forêt de Puzarles (ou *foresta de Puleo*, d'après dom Morice, page 523). Cette forêt était située dans la commune de Carquefou, peut-être dans l'emplacement du bourg actuel.

An 1112 Païen du Pellerin, frère de Judicaël fut l'un des seigneurs qui conseillaient le plus vivement à Conan III, dit le Gros, d'enrichir de ses dons le monastère de Saint-Sauveur de Redon où Alain Fergent, son père, s'était retiré. (*Chevas*).

An 1127 Rollon Bastard, petit-fils de Païen, épousa Béatrix. De ce mariage naquirent trois enfants : Guillaume, Eon et Marie. Guillaume du Pellerin épousa Agnès de Clisson, dont il eut un fils qui fut nommé Rollon.

An 1160 Un Guillaume Bastard fut nommé chapelain du Pellerin.

An 1163 Richard Bastard et Marie, sa nièce, fille de Rollon et de Béatrix, donnèrent à l'abbaye de Savigné, tous les droits que possédait, dans cette paroisse, Guillaume Bastard, leur père et aïeul paternel.

On trouve, dans les titres de Marmoutiers, la déclaration suivante :

« Tous nos moines qui, dans la suite appartiendront au » monastère de Marmoutiers, devront savoir que Guillaume » Chubart, notre major au Pellerin, prétendait que lui et les » siens avaient une abondante récolte dans notre grange du » Pellerin, et une place dans cette grange avec le trait de la » dîme. Venant, enfin, au monastère de Marmoutiers, le jour » de la fête de sainte Marie-Magdeleine, dans notre chapelle, » en présence d'un grand nombre de clercs et de séculiers, il » abandonna tous ses droits, et notre vénérable abbé Robert » lui adjugea, et à ses successeurs, dans le dit majorat du » Pellerin, huit septiers annuels de la dîme apportée en cette » grange. »

Une contestation s'élève au sujet de l'église du An 1172
Pellerin. L'évêque Robert la termine par la déclaration suivante :

« Le prêtre qui occupe la dite église, pour l'évêque, la con-
» servera comme par le passé, pendant toute sa vie. Après
» son décès, les moines, habitant dans ce lieu, recevront une
» partie des oblations et des autres bénéfices, et donneront
» l'autre partie au prêtre qui les remplacera. «

Eon du Pellerin, fils de Rollon, prit parti contre An 1173
le roi d'Angleterre. Il assista au combat livré près de Dol, où il fut blessé et fait prisonnier. Il était, disent les chroniqueurs, très brave chevalier (*strenuissimus miles*).

Jéhan Bastard, fils d'Eon, seigneur du Pellerin, An 1184
épousa Jacqueline Lalouette, qui possédait un fief de ce nom dans la paroisse de Maisdon. Ils eurent trois fils : 1° Robert, 2° Etienne, 3° et Pierre, dit Pierre du Pellerin, 3° du nom.

La décision de l'évêque Robert, en 1172, n'était An 1189
pas bien observée par les moines. Améric, recteur du Pellerin, demanda à Maurice, évêque de Nantes, successeur de Robert, la moitié des dîmes et des oblations de son église, les moines en gardant les deux tiers pour eux. Voici la décision prise, à cette occasion, par l'évêque :

« Après longues contestations entre les parties ; attendu
» qu'Améric, mu par sa propre volonté, ayant égard à la
» piété des moines, a terminé entre nos mains, à perpétuité,
» la présente querelle, consentant à ne jamais élever de diffé-
» rend ni par lui, ni par d'autres, sur le présent décret.
» De leur côté, l'abbé et le chapitre de Marmoutiers ont

» consenti, paisiblement et librement, de payer, chaque
» année, au dit Améric, en vue de la charité et par égard
» pour son sacerdoce, quatre livres de la monnaie d'Anjou,
» devant être acquittées sur le corps du dit abbé, par lui
» personnellement, le jour de la fête du bienheureux Martin
» d'Estival, lui assignant, en outre, sur la dite église, cent
» sols de la monnaie de Tours, du Mans ou d'Angers, chaque
» fois qu'elle deviendra vacante. »

Le Pellerin, Saint-Père-en-Retz, Frossay, le Migron avaient leurs seigneurs particuliers qui portaient les noms de ces lieux.

An 1207 Après la bataille de Bouvines, en 1214, où, comme chacun sait, les Français, commandés par Philippe-Auguste, battirent les Anglais et l'empereur Othon IV, Jéhan Bastard reçut pour lui et sa famille, de la part du roi de France, une des fleurs de son écu. La famille Bastard, jusqu'alors, avait porté l'aigle d'empire au champ d'or. Mais Jéhan, en vertu de ce don royal, changea ses armoiries qui furent à l'aigle d'empire, mi-partie d'azur à la fleur de lys d'or (1).

A cette célèbre bataille de Bouvines, combattirent Pierre du Pellerin, Robert et Etienne, ses frères, et Robert Bastard, seigneur du Pellerin.

An 1216 Les titres de l'abbaye de Buzay mentionnent qu'un sieur Philippe de Vignon fit aux moines la donation suivante :

« Dedi pedagium qui colligitur apud castrum Peregrini. »

(1) On trouve ces armes dans l'église de Guer, près de Ploërmel (Morbihan), où existent des descendants de la famille Bastard.

TRADUCTION

« J'ai donné le revenu qui se perçoit près du château du
» Pellerin. »

Ce château était incontestablement dans la rue qui, encore aujourd'hui, porte le nom de rue du Château. On voyait, il n'y a que quelques années, un grand portail en granit, de forme ogivale, orné de sculptures variées, donnant accès dans une vaste cour. Cet immeuble appartient à la famille Chauvet, du Pellerin.

Robert Bastard, seigneur du Pellerin, Olivier de Clisson, et beaucoup d'autres seigneurs et chevaliers bretons suivirent saint Louis en Palestine. An 1218

Anceline Bastard, fille de Robert, épousa Antoine de Biré, seigneur de Couëron. Elle eut deux fils, Jéhan et Rolland. C'est probablement de cette alliance qu'est descendue la famille de Biré, établie à Nantes et à Bouaye. An 1240

Robert Bastard, qui était seigneur du Pellerin, avait épousé Jeanne de la Boissière. Il mourut laissant un fils nommé Huet Bastard, qui lui succéda dans ses titres, droits et qualités.

Pierre du Pellerin, Olivier de Guite, Eudon Lédéau et Robert Courson, tous croisés bretons, passèrent avec un sieur Huet, marinier nantais, capitaine du navire *La Pénitente*, un acte pour les transporter de Chypre à Damiette. An 1249

Vers cette époque, la seigneurie du Pellerin

sortit de la famille Bastard qui la possédait depuis le onzième siècle.

An 1293 Les religieux du couvent de Buzay reçoivent une reconnaissance de six sols annuels, assise sur seize sillons de terre plantés en vigne, près le lieu dit la *Pierre-au-Lièvre*, au village de la Martinière. Cette Pierre-au-Lièvre est un rocher plat qui du rivage s'étend dans la Loire. Les ingénieurs y ont fait élever une tour en granit, qui indique le danger aux navigateurs, et semble leur dire : *noli me tangere* ! (ne me touchez pas !)

Une femme de beaucoup d'esprit, douée d'une vive imagination, et qui, sous le pseudonyme de comte de Saint-Jean, parle souvent de sa chère Bretagne, raconte ainsi la légende de la *Pierre-au-Lièvre* :

« Un vieillard, tenant sa petite fille par la main, se rendait » au village de la Martinière. En approchant de la Roselière, » l'enfant aperçut une pierre brillante, longue et polie, » formant île. Qu'est-ce, dit-elle ?

» Ma fille, répondit le grand-père, un lièvre poursuivi par » les chasseurs vint se réfugier sur cette pierre. Les flots l'en- » vironnèrent. Ses jambes de lièvre ne lui servirent à rien au » milieu des eaux. Les chasseurs le prirent. Dieu a donné des » jambes au lièvre pour fuir, il ne lui a pas donné des » nageoires comme aux poissons. Chacun son élément, » chacun son métier. »

Par suite de l'endiguement d'une partie du fleuve, ce rocher est couvert de sable, mais la tour existe toujours.

Le couvent de Buzay, dans la commune de

Rouans, détruit en 1793, était à cinq kilomètres du bourg du Pellerin Il fut fondé, en 1135, par Conan III, et par la duchesse Hermengarde, sa mère. Saint Bernard y plaça des moines qu'il visita en 1143. Saint Benoist y établit la règle de Cîteaux.

La seigneurie du Pellerin passa dans la famille An 1331
de Rougé, par le mariage de Guillaume de Rougé avec Marie de la Haie, une des héritières de la maison seigneuriale du Pellerin.

Olivier de Tournemine, deuxième du nom, An 1339
épousa Marguerite de Rougé. En faveur de cette union, Guillaume de Rougé et Marie de la Haie, sa femme, donnèrent leur seigneurie de Jaëzon ou Jasson, en Brains, avec tout ce qu'ils possédaient, dans la Loire, du côté du Pellerin. Dans cette donation se trouvait probablement comprise la maison du Bois-Tillac, qui était la maison des seigneurs de la paroisse.

Le duc Jean III mourut dans la ville de Caen. An 1341
Ses exécuteurs testamentaires furent Eon de Rougé, scolastique de Nantes, et Guillaume de Rougé, varlet de la famille de Marguerite, dame du Pellerin.

Guillaume Bastard assista, le 15 du mois de mai, An 1364
à la bataille de Cocherel, gagnée par Duguesclin sur les troupes de Charles le Mauvais.

Guillaume Bastard avait épousé une femme dont An 1376
le nom est resté inconnu. En cette année, de cette alliance naquit un fils qui fut nommé Jéhan.

An 1380 Mort de Guillaume, qui laissa son fils Jéhan sous la tutulle de sa femme. Jéhan eut la seigneurie du Pellerin.

An 1397 Messire Nicolas Ducloux fut nommé prieur du Pellerin.

An 1423 Il y avait encore un prieur et des moines qui célébraient le service divin, comme dans presque tous les autres prieurés du diocèse. Meuret remarque qu'alors le tonneau de froment de rente foncière était apprécié 6 l. 10 sous ou 13 sous le septier, le marc d'argent 8 l. 15 sous. Des particuliers prêtaient leur argent au denier 12. C'était une tolérance ; mais les magistrats n'allouaient, en condamnation, que le denier 20.

An 1447 Messire Simon de la Villéon fut prieur, et messire Coaynon, curé du Pellerin.

An 1448 Le 15 d'aoûst 1448, le duc François Ier transféra à Marguerite d'Orléans, comtesse d'Etampes, sa mère, diverses seigneuries, entre autres celle du Pellerin. (*Ogée-Chevas*).

An 1452 Le curé et le recteur étaient deux personnes distinctes. Le curé était le titulaire, le recteur était le desservant.

A cette époque, le prieur était Olivier de la Villéon ; le curé, Hervé Coaymon, et le recteur, Marc Bernard.

Une contestation s'éleva entre l'abbé et les moines de Buzay, d'une part, et le prieur du prieuré du Pellerin et le curé de la paroisse, d'autre part.

L'arrêt rendu par la cour du duc est très intéressant : nous allons le transcrire entièrement :

« Sur le débat qui peut s'élever entre humbles religieux et » honnêtes personnes les abbé et couvent de Buzay, d'une » part ;

» Et sire Olivier de la Villéon, prieur du prieuré du Pellerin, et M[tre] Marc Bernard, curé et recteur du dit lieu, d'autre part ;

» Sur ce que les dits frère Olivier et M[tre] Marc disent ou » pensent dire contre les dits abbé et couvent, que les fruits, » levées et revenus des dimes tant blez, vins et autres revenus » de dîmes croissantes, en la dite paroisse du Pellerin, leur » appartiennent de droit commun, en avoir la possession, et » en sont eulx et leurs prédécesseurs, prieurs, recteurs et » curés du dit lieu du Pellerin, propriétaires, non-seulement » de l'an derren (dernier), le second, le tiers, le quart, le » quint (le cinquième), le dix, le quinze, le vingt, trente, » quarante, cinquante, soixante, quatre-vingts, cent et plus, » étant, et par si longtemps qu'il n'y ait mémoire de hommes. » Du contraire, sans aucun empêchement leur avoir été mis.

» Et disent les dits prieur et curé, ès-dits noms, que les » abbé et couvent, pendant dix ans ou environ, par eulx, » leurs hommes et députez, s'étaient avisés de les empescher » de jouir des dîmes croissantes en étangs, vignes et terres » arables qui sont sises en la dite paroisse du Pellerin. C'est » à savoir :

» En clos de vigne et gagneries de la Savartière (aujourd'hui les Savatières), le Breil de Maude, les boursadières » les Boissardières) et terres étant en Buzay, Viève et les clos » de vignes de la Grange nouvellement plantées, et qui sont » sises en la dite paroisse, entre le chemin de Viève et le viel » hostel de Jean Veillet, sis devant le clos de la Grange, et en » amont d'eulx, abbé et couvent ; fait les dites levées, au » montant, cent livres, moins ou plus.

» Et concluant vers eux, enfin, qu'ils ont fait tort : cesser » devront ne plus les lever ni repercevoir et dédommager.

» Les abbé et couvent confessent bien avoir levé et joui » des dites dîmes, en disant le pouvoir faire de leur droit de

» fondation, et en être en possession de si long-temps, que » par possession et droiture leur devait être acquis.

» Ce que ne confessent pas les dits prieur et curé.

» Sur lesquelles *chouses* (choses) peut en suivre grand » débat, involation de procès, longues plaidoiries qui pour» raient prendre et avoir long-temps. Pour lesquels empes» cher et afin de nourrir par amour et dilection entr'eulx.

» Sachent tous que par nostre Cour du Duc, au Pellerin, » se comparaissent et représentent en droit par devant nous, » personnes établies, les dits abbé et couvent, d'une part ;

» Et les dits frère Olivier de la Villéon, prieur du prieuré » du Pellerin, et maistre Bernard, recteur et curé du dit lieu, » d'autre partie ;

» Eulx et chacun se soumettant et de fait, se soumettent, » promettent s'y conformer, accomplir et tenir. C'est à savoir :

» Les dits abbé et couvent jouiront et devront jouir, eulx » et leurs subcesseurs, pour le temps advenir, des susdites » dîmes et revenus des terres qui craiteront entre leurs » foussés (fossés) et leur fez (fief) de Viève et de la Grange, » le dit fez commençant au chemin du Pellerin à Vuez (Vue), » par le village de Viève, en continuant au chemin par lequel » on va de la Noue Espanix à la Bricolière ;

» Item. Jouiront et devront jouir, les dits abbé et couvent, » de la dîme de leur dit clos de la Grange, auprès de la vieille » maison de Jean Veillet et de la maison de Jean Florance, » quelles vignes font et labourent, au quart, les dits abbé et » couvent ; des dîmes croissantes en leur dit fez de Viève, » tant en vignes, terres, généralement sans auculne chouse » en réserve, sauf des dîmes des veaux, droit de cure, » *neume* (1) et autres droits dus à cure, dont le dit maistre » Marc, curé-recteur, dessus dit, jouira pour lui et ses » subcesseurs.

» Les dits héritages, dessus dits, sis en la dite paroisse du » Pellerin, entre le ruisseau de la chaussée de Viève, du » cousté vers le Pellerin, à la chaussée de l'Etang, commen» çant du dit ruisseau au dit foussé et clousture du dit clos

(1) On nommait *Neume* un droit qui avait remplacé la part nuptiale ou repas de noces, un des principaux revenus des cures.

» de la Grange, se rendant au chemin par lequel on veit » (on va) de l'hostel du dit Veillet à Chazy (cheix), par » devant les dites vieilles maisons de Veillet et de Florance, » se rendant d'icelui chemin, du dit village de Viève, à la » chaussée du dit lieu, et entre les vignes du dit clos de la » Grange et le dit chemin qui conduit de l'hostel du dit » Veillet à Chazy, vignes au dit Florance, d'une et d'autre » partie.

« De quelles chouses, ci-dessus déclarées, jouiront et de» vront jouir, à jamais pour le temps advenir, les dits abbé » et couvent et leur subcesseurs, sans aucuns débats ni em» peschements que les dits prieur et curé ni leurs subces» seurs puissent en aucune manière y mettre.

« Et pour ce, jouiront les dits prieur et curé du Pellerin, » des dîmes croissantes en toutes et chacune des autres » terres vagues et autres héritages étant en icelle paroisse du » Pellerin.

« Le seize juillet de cette même année, 1452, maistre » Hervé Coaynon, curé du dit lieu du Pellerin, s'est soumis, » pour tous ses biens, à nostre juridiction et a recognu le » bien jugé de tout ce qui précède. »

Les frères Chauvet devaient à l'abbaye de Buzay une demi-pipe de vin. Ils s'en affranchirent en lui abandonnant un journal de pré, nommé le pré Tiraud, dans les vallées de la Béhinière. An 1461

Les Sgrs de Vigneux et d'Oudon sont désignés pour passer la revue des francs-archers pour l'Evêque de Nantes, sur la rive gauche de la Loire. (*Chevas* d'après Travers). An 1476

Jean Tahouet fut nommé prieur du prieuré du Pellerin. An 1480

Par ses lettres, datées de Nantes le 12 janvier, le duc de Bretagne, François II, donna à Gilles de la Rivière, vice-chancelier de Bretagne, et aux enfants An 1486 de Jean de la Villéon, la terre et seigneurie du Pellerin.

Au quinzième siècle, la terre, mal cultivée, ne rendait que de faibles et chétifs produits. Aussi l'abbé de Buzay donna bail à Jean Perrier, dit *Chauvel*, d'une maison au Pé-de-Buzay, de quatre hommées de vigne au Gloulax, de deux au fief Cabéran, de huit boisselées au fief de l'Etang, et d'une hommée de pré pour quarante sols.

An 1487 En 1486 et 1487, Charles VIII, roi de France, attaqua Nantes ; désespérant de s'emparer de la ville, il leva le siège le 6 août de cette dernière année.

Peu de temps après, une grave épidémie, cortège ordinaire de la guerre et des grands troubles civils, se déclara à Nantes. Elle fit beaucoup de victimes.

Les grands rassemblements d'habitants et les privations, sont des circonstances qui, habituellement font naître le typhus ; ce qui explique la maladie dont les ravages, à cette époque, furent si terribles. Voici ce que dit à ce sujet, l'abbé Travers :

« On fut en garde, au mois d'août, contre les maladies » contagieuses, en prenant les mesures que la prudence » humaine peut suggérer pour les écarter, et en recourant » à Dieu par les saints pour en être préservé. Les officiers et » le conseil de la ville, *moult* effrayés, firent publier, le 16 » août, au bourg du Pellerin, à l'assemblée qui s'y tenait, » défence à ceulx qui étaient d'un lieu où il y avait de la

» contagion, de passer par Nantes, à leur retour, et le conseil » ordonna de porter, à Monsieur saint Sébastien, la ceinture » en cire de la ville et du château de Nantes, pour y brûler » devant l'image du Saint. Cette bougie y fut portée, à la » teste de la procession générale, par huit chapelains qui y » dirent la messe. »

Le 18 mars, les officiers de Nantes reçurent le An 1488
mandement de mettre en possession de plusieurs terres entre autres de celles du Pellerin, Messire Gilles de la Rivière chancelier de Bretagne, et les enfants de Me Jacques de la Villéon pour la sûreté de 10.000 écus que, pour le duc, ils avaient cautionnés à la dame de Laval. Ces terres étaient revenues au duc à la mort de sa mère, en avril 1466, dont le deuil ou « béguin » comme on disait alors, monta à 6.200 l. payés par le duc. Le marc d'argent était de 8 l. 15 sous. (*Chevas*).

Le Bois Tillac appartenait à Julien Bonfils, sr du An 1513
dit lieu.

La famine et une maladie contagieuse, que l'on An 1538
désignait sous le nom de peste, désolèrent encore Nantes et les environs.

La Bretagne était réunie à la France. Le duc An 1554
d'Etampes, Gouverneur de Nantes, fit mettre au nom du roi, les côtes en état de défense. Les Espagnols, avec deux galères, restèrent stationnés pendant neuf mois entre le Pellerin et Nantes, pillant les habitants et détruisant les récoltes. Le connétable de Montmorency fut chargé par le roi

de repousser l'ennemi et de mettre les côtes en sûreté. (MEURET, *Annales de Nantes.*)

An 1556 Le roi Henri II, qui fut dernier duc de Bretagne, autorise, par dérogation à l'Ordonnance de Pierre II, les bourgeois manants et habitants du duché à posséder et acquérir des fiefs nobles sans être assujétis à en obtenir la permission ni au paiement du droit de franc-fief et nouvel acquet. (*Ogée,— Meuret,— Chevas*).

An 1586 Mess^re^ Julien Leroy fut nommé prieur du Pellerin.

An 1597 L'armée royale avait saccagé Guérande et ses environs. Elle se retira devant sept galères espagnoles qui remontèrent la Loire et vinrent stationner au Pellerin. C'était un secours pour les ligueurs. Il en résulta pour la Tremblaye l'obligation de se retirer du Croisic où il craignait d'être bloqué. Les autorités de Nantes envoyèrent des vivres et des rafraîchissements aux Espagnols. (*Chevas*).

An 1614 Le seigneur de Soubise (Benjamin de Rohan) vint occuper le Pellerin, d'où il rançonna les paroisses voisines, et préleva des droits sur les marchandises qui montaient ou descendaient le fleuve. Les habitants étaient contraints de se soumettre aux exactions d'une soldatesque armée. Quelques-uns parvenaient, quelquefois, à s'en préserver. Nous en avons trouvé un exemple dans les papiers de famille que nous avait confiés M. Brillaud de Laujardière. Nous le consignons ici :

« De par le Roi,

« A tous noz lieutenans générauls, gouverneurs de nos
» provinces, maréchaulx et m[tres] de camp, collonnelz,
» capp[nes], chefs et conducteurs de noz gens de guerre,
» tant de cheval que de pied, de quelques corps qu'ils soient,
» maréchaulx des logis, fourriers et tous autres commis pour
» le département des logements de noz gens de guerre, qu'il
» appartiendra, salut. Savoir faisons que nous désirons gra-
» tifier et favorablement traiter notre amé et féal C[er], en notre
» siège présidial de Nantes, maitre Pierre Blanchet. Nous
» vous défendons expressément que ses maisons du Verger-
» Foucaudrie et Pilon, sises en les paroisses du Pellerin et
» Cheix, vous n'ayez à y loger, ni permettre ou souffrir qu'il
» soit logé aucun de nos gens de guerre, ni laisser prendre
» ou emporter fourage, aucuns biens meubles, chevaulx,
» bœufs, vaches, moutons, aigneaulx, porgs, volailles,
» bleds, foings, avoynes, pailles ni autres choses générale-
» ment quelconques, si ce n'est de gré et consentement du
» sieur Blanchet de Fougères, ou de ses fermiers et mestayers
» des lieux, et en payant raisonnablement, d'autant que nous
» avons le tout sous nostre protection et sauvegarde spéciales.
» Pour témoignage de laquelle, et afin que personne n'y pré-
» tende pour cause d'ignorance, nous avons promis et nous
» promettons au sieur Blanchet de faire mettre et apposer aux
» portes et advenues de ses maisons, nos armoyries et panon-
» ceaulx royaulx, avec un extrait ou copie d'icelles ; car tel
» est nostre plaisir.

» Donné à Nantes, le cinq[me] d'août 1614.

» signé : Louis.

» Par le Roy,
» La Royne régente.
» Sa Mère présente. »

Un arrêt, en date du 18 juillet, maintint l'office de compteur de poissons au Pellerin. An 1615

Le roi chargea le duc de Retz de rétablir sur la An 1616

Loire les communications par eau. On arma de grandes gabares montées de fauconneaux et 2 galions placés devant le Port-Maillard. Dix autres furent employés, pendant six jours, à passer les troupes de Couëron au Pellerin.

Messire François Gabard, sgr de Teillac, Tacon et autres lieux tenait du roi partie de l'île des Masses. L'île de Bois, alors très divisée, relevait du roi. (*Meurel — Chevas*).

An 1617 Il existait, à cette époque, des coutumes religieuses oubliées de nos jours, comme de joncher les églises de paille fraîche aux fêtes de Noël et de l'Épiphanie, peut-être en mémoire de l'étable de Bethléem.

Le vendredi saint, les églises étaient tendues d'étoffes noires semées de croix blanches.

An 1643 Un acte du 29 mai, passé devant la justice seigneuriale de Vigneu, en le Pellerin, sur la demande de messire Jean Guillet, recteur du dit lieu, y demeurant, constitua au profit de frère Hudosme Ardouin, religieux de Vertou, et depuis peu prieur du Pellerin, une rente de quinze deniers, plus *un bon et compétent chapon accomodé*.

An 1652 Louis XIV créa deux foires annuelles au Pellerin : l'une au lendemain de la fête de l'Annonciation, et l'autre, au lendemain de celle de l'Assomption, plus un marché le mercredi de chaque semaine. Sa Majesté permettant au seigneur de Vigneu, qui était avocat général en la chambre des comptes de

Bretagne, d'y faire établir halles, loyers, bancs, étaux, etc.

Il y avait au Pellerin une maladrerie de fonda- An 1654
tion commune, à présentation de l'évêque, et valant deux cents livres.

La dame de Retz, duchesse de Lesdiguères ou de Lesdiguières, revenant de Belle-Ile, passa au Pellerin, avec sa suite, pour aller à Princé où se trouvait le duc, son mari (1).

Elle possédait l'ancien duché de Retz dont Machecoul était le chef-lieu. Elle était parente du célèbre co-adjuteur Paul de Gondi, abbé de Buzay et cardinal de Retz, détenu alors au château de Vincennes.

Les plus anciens registres des actes de l'état-civil An 1672
de la paroisse du Pellerin, déposés aux archives de la Mairie, sont ceux de 1672.

Le prieur Pierre Boucaud, nommé en 1650, An 1673
déclara pour la formation du livre terrier (2) de la Vicomté de Loyau, (3) appartenant alors au roi, qu'en sa qualité de prieur, il possédait :

(1) La forêt de Princé est dans la commune de Chéméré, arrondissement de Paimbœuf. En 1793, elle appartenait à Mme de Kerdreux qui porta, à Nantes, sa tête sur l'échafaud. Le château, détruit pendant la Terreur, était la demeure des anciens ducs qui prenaient le titre de prince. *Le château du prince.... La forêt du prince.* De là : *le château de princé... la forêt de princé.*

(2) Le livre terrier était un registre contenant le détail des droits et des rentes d'une terre seigneuriale.

(3) La vicomté de Loyau était située paroisse de Fresnaye H. J. Domaine ducal puis royal dont relevaient nombre de fiefs et de paroisses. 1407, donné par le duc à Gautier Heuz, chevalier anglais

1° Une maison, appelée le Prieuré, proche l'église, bornée d'un bout par le cimetière, d'autre bout par la vigne de la Dégaiserie, d'un côté par le chemin qui conduit de la Godardière à la vigne de la Grange ou des Granges, de l'autre par le chemin conduisant à Brains ;

2° Un canton de vigne en Saint-Jean-de-Bouguenais (aujourd'hui Saint-Jean-de-Boiseau), près le clos de Chef-d'Ane, appartenant au seigneur de Vigneu ;

3° Un autre canton de vigne, sur le chemin de l'Ermitage, à la Noue du Surchaud ;

4° Pour attache prise par le sieur Guillet, recteur du Pellerin, à la muraille du jardin du prieuré, quinze deniers et un chapon.

5° Sur un jardin, près le ruisseau de Chef-d'Ane, deux *matratz* (madriers) en bois *empavés* (empierrés) sur l'un et l'autre côté, entre les deux messes de Noël (1)

1424, compris dans le partage donné par le duc Jean V à son frère Richard de Bretagne 1490, érigé en vicomté avec union des terres et seigneuries de Saint-Père en Retz, Saint-Lumine de Coutais, Coüron et le Pellerin donné par la duchesse Anne à Gilles de Condest sieur de la Morterais. — Réuni bientôt après au domaine de Bretagne. Depuis lors donné en usufruit temporaire ou viager à différentes personnes qui en ont pris le titre précaire. La juridiction fut annexé au Présidial de Nantes en 1554 et le domaine définitivement réuni au duché de Retz en 1626, lorsqu'Henri de Goudy, qui en jouissait déjà par engagement, céda le marquisat de Belle-Isle-en-mer d'abord au Surintendant Fouquet et plus tard au roi. (De CORNULIER, *Dictionnaire des terres et seigneuries de l'ancien comté Nantais*).

(1) Le ruisseau de Chef-d'Ane sépare les communes du Pellerin et de St-Jean-de-Boisseau. Il était un obstacle à la circulation, et,

Du fief de Vigneu, relevaient les villages de la An 1674
Martinière, du Grand-Chemin, de la Proutière, de la Touche, de la Guilbaudière, les métairies de l'Ermitage, de la Cochère, au moins 30 maisons dans le bourg, des terres, des vignes blanches et des vignes rouges.

L'abbesse de Fontevrault possédait une maison et jardins, au-dessus du village de la Martinière (probablement la Chauffetière), et 340 journaux de prés en Saint-Etienne-de-Mont-Luc.

A cette époque, les îles Trévélec (*nunc* Héret) et Sardine n'étaient que des bancs de vase et de sable improductifs.

Le roi fait remise au sieur Pach, maître aux An 1676
comptes, de payer les droits de rachats et autres qui lui étaient dûs sur les terres de Jasson et Malnoë qui venaient de lui être adjugés (Aveu de 1680).

Le seigneur du Jasson avait droit de ban et accoudoir dans l'église du Pellerin à cause de sa seigneurie de Malnoë. Il avait four à ban dans le bourg, droit aux bris et épaves et le quart du passage à Port-Launay, la moitié appartenant au Roi et le dernier quart au seigneur de Vigneu. Les passeurs devaient passer gratuitement lesdits seigneurs de Malnoë, leurs serviteurs et leurs chiens.

Très probablement, ce jardin n'était donné à ferme par le propriétaire, qu'à la condition de jeter, sur ce ruisseau, un pont formé par deux pièces de bois maçonnées à leurs extrémités et qui, chaque année, étaient remplacées.

Ils étaient tenus de conduire les criminels depuis les lieux où ils avaient été pris jusqu'aux lieux patibulaires. Ledit seigneur avait encore la moitié du péage en coutume de pilon sur l'Acheneau ; l'autre moitié était au roi.

Beaucoup de maisons et de villages relevaient du duc, et, par suite du roi ; mais le fief de Malnoë était aussi fort étendu. Un grand nombre de vassaux étaient tenus à faire les foins de la Béhinière, de la Cossonnière et de Buzay.

Par la réformation de cette année, le seigneur de Jasson fut évincé de ses droits de prééminence dans l'église de Brains, de la mouvance du Pesle et des droits qu'il prétendait sur plusieurs maisons du bourg payant rentes à ceux de Sa Majesté. Partie de Belle-Ile appartenait au seigneur de la Chapelle-Glain et relevait du Roi auquel il payait 60 livres ; une autre au sieur de Bouédrier qui avait 19 livres 14 sols de rente : et avait droit le seigneur de la Sénéchalais d'y mettre 72 bêtes à pâturer.

Jean Blanchet, écuyer, sieur de Fougères avait diverses maisons dans le bourg pour lesquelles il faisait aveu au roi et payait 100 livres. Le nombre des maisons était considérable dans le bourg ; mais il avait dû souffrir du temps de la Ligue, puisqu'il en restait beaucoup en ruine, 80 ans après.

Louis d'Aubigné, seigneur de la Rocheferrière, époux de Marie Blanchard du Houssay, comme héritier de Pierre Blanchard du Houssay et de Françoise Bonfils sa femme, rend aveu pour la terre seigneuriale du Boistillac, consistant en maisons et autres bâtiments de servitude, cours, jardins, clos de vigne, excepté du côté de la façade qui est défendu par un fossé, le tout en un tenant de neuf journaux. (*Chevas*, — *Jéffrédo*).

Le sgr de Rougemont, major de la milice du pays de Retz, fait un aveu pour diverses pièces de terre.

Outre les autres charges, les passeurs au Port-Launay devaient le droit féodal d'une fouace et 10 sous après la messe de minuit, et 10 autres sous après la première messe de la Toussaint.

La seigneurie du Pellerin avait, sans aucun doute, fait retour à la couronne, car les registres de la réformation sous Louis XIV, conservés aux archives de Nantes, font connaître que la majeure partie des maisons du Pellerin relevait du Roi ainsi que la maison du Bois Tillac. An 1679

L'île Gouaye, contenant 105 journaux, appartenait aux Jacobins qui l'avaient reçue du sgr de Lespervier. L'île Pineau était possédée par le Chapitre de la Cathédrale d'Angers qui prétendait le tenir de la munificence de Conan, duc de Bretagne.

Le prieuré du Pellerin possédait, suivant sa déclaration, 236 boisselées de terre, 168 hommées de vignes et diverses rentes en argent, maisons et colombiers.

Comme curé primitif, le prieur pouvait célébrer le service divin aux 4 fêtes mobiles de l'année et il recevait alors les offrandes ou oblations. Il avait aussi le droit de dîmes sur certains héritages situés en Saint-Père-en-Retz, Sainte-Opportune et Saint-Jean-de-Boiseau. Il avait chapelle privative et autel au haut de l'église du Pellerin et plusieurs maisons situées dans la rue qui va au château, nouvelle preuve qu'il y avait au Pellerin un château ou manoir seigneurial.

Il y avait, dans le bourg, la chapelle Mareaud.

Le sieur Blanchet de Fougères possédait aussi plusieurs maisons dans le bourg et plusieurs morceaux de terre aux environs pour lesquels il payait au roi une rente à cause de la vicomté de Loyau.

Le couvent des Couëts ou des Sevetz ou des Esevetz avait plusieurs propriétés dans le Pellerin, principalement en morceaux de prés sur lesquels il prélevait des rentes en argent. (*Chevas*).

An 1680 Le fermier-général des domaines royaux de Nantes, de la vicomté de Loyau et d'autres lieux, présenta requête au commissaire général, député par Sa Majesté pour la réformation des Domaines et la confection du Livre terrier, par laquelle il demanda que le seigneur de Jasson fût évincé de la mouvance du Pêle, en Brains (1) et de celle de quelques autres lieux, ainsi que des maisons du

(1) Mouvance : c'était la dépendance d'un domaine à l'égard d'un fief.

Pellerin sur lesquelles ledit seigneur prétendait exercer ce droit. Il fut fait droit à cette requête.

Nous trouvons, dans les mémoires de cette époque, le prix de plusieurs denrées : An 1682

Bœuf, veau, mouton . . .	2 sous 1/2	la livre.
Lard	4 id. 1/2	id.
Beurre	5 id. 1/2	id.
Deux poulets moyens . . .	8 id.	
Une perdrix	13 id.	
Un levraut	10 id.	
Un lapin.	8 id.	
Un canard	8 id.	
Une bécasse.	8 id.	

Vers la fin du XVIIe siècle, la dîme, la corvée, la taille, les prestations étaient imposées aux paysans : mais, presque toujours, le manoir féodal secourait de son mieux les vassaux qui succombaient sous le poids du travail et des ans. (*Histoire de Nantes*, par Guépin, imprimée en 1839).

Les inhumations se faisaient dans les églises. Binet, abbé de la Meilleraye et archidiacre de Nantes, en faisant une tournée diocésaine dans la paroisse du Pellerin, fixa la perception d'un droit pour chaque inhumation qui s'y ferait à l'avenir. Il recommanda aux paroissiens qui venaient chercher le viatique pour leurs malades d'apporter des cierges et de ne pas se contenter, comme ils le faisaient, de chandelle de suif. (*Chevas*).

Cette funeste coutume remontait à l'établissement de la religion chrétienne. En effet, lorsque le christianisme eut remplacé le paganisme, l'usage s'établit de faire des cimetières près des églises, et, insensiblement, on accorda à quelques personnes le privilège d'être inhumées dans l'intérieur des temples.

Cet usage était inspiré par la dévotion, et avait pour objet cette pieuse croyance que la vertu des prières, et celle du saint sacrifice de la messe avaient, de plus près, une action plus puissante. Une autre raison, qui doit être admise, c'est que le respect des saints lieux était une sauvegarde contre les profanations ; enfin, cette idée, si répandue alors, était d'être séparé, après la mort, de la société païenne. Mais les inhumations dans les églises ou autour des églises devaient compromettre gravement la salubrité publique, et donner, par les miasmes qui se dégageaient des sépultures, plus d'intensité aux maladies régnantes. Il n'est pas possible d'en douter, si l'on considère que les fosses avaient à peine deux pieds de profondeur.

Aux influences délétères que faisait naître le pernicieux mode d'enterrer les corps (suivi depuis des siècles), venaient se joindre celle de garder, dans les familles, les parents décédés, pendant plusieurs jours. Cela arrivait fréquemment, afin de ne procéder aux inhumations que le dimanche, après la grand'messe. On trouvait probablement ce jour et cet instant plus commodes pour réunir les parents du défunt. (*Dr G. Le Borgne*).

Les revenus du prieuré, en 1687, étaient de 1.100^{l}., celui de la vicairerie de 500^{l}. et le prieur avait le titre de curé primitif. Cette année, le vicaire perpétuel Louis Josselin, contesta ce titre au prieur Boucard ; mais, le présidial de Nantes décida en faveur du prieur au mois de juin 1687. (*Chevas*). An 1687

Le 16 juillet le s^{r} Guilbaud acquiert du commissaire, député par le roi pour la vente de ses domaines, à raison de 8.380^{f}, divers terrains et droits domaniaux dans lesquels se trouve l'île Culotte, la Vasière ou île Binet et la moitié du passage de Pilon. (*Chevas*). An 1705

« Le 26 février, messire Charles Pichereau prêtre licencié » en théologie, et recteur de la paroisse du Pellerin, en » conséquence de commission à lui adressée par monsieur » l'abbé Delabare, grand vicaire et official de Nantes, pour » la reddition des comptes de fabrique de la paroisse de » Roüans, en date du 6e may 1724, publiée le 9e juin et » controllée, au Pellerin, le 11e juin 1724, a été représenté » le compte de Mathurin Simon et Martin Achet, fabriqueurs » de l'an 1724, et le tout düement examiné, tant à charge » qu'à décharge, ils se sont trouvés redevables de la somme » de vingt-deux livres six sols quatre deniers, et plus de celle » de deux livres trois sols quatre deniers, faisant celle de » vingt-quatre livres dix-neuf sols huit deniers, laquelle a été » payée entre les mains des fabriqueurs en charge. Arrêté au » presbytère de Roüans, en présence de monsieur le recteur » du dit Roüans, de monsieur Bodinier, prêtre-vicaire, et de » plusieurs anciens fabriqueurs. An 1725

» Signé : C. Pichereau,

» *Recteur du Pellerin, commissaire à ce député.* »

(Archives du Pellerin, registre G.G. 1).

An 1745 M. de Jasson acquiert de la dame Guilbaud, veuve de N. Bernard s[r] de Grandmaison, tout ce qui fait l'objet du contrat de 1705 entre le père de cette dame et le commissaire du domaine royal. (*Chevas*).

An 1750 Nous avons trouvé, parmi les pièces déposées aux archives de la mairie du Pellerin, le rôle de répartition de la somme devant être payée par tous les contribuables de la paroisse du Pellerin, évêché de Nantes, pour la capitation de l'année 1750.

« Rolle tant pour le principal de la capitation que pour » les vingt-un deniers pour livre qui doivent être imposez » pour les droits attribuez aux officiers des fouages réunis » aux Etats, par édit du mois de novembre 1711, que pour » la solde de la milice suivant l'arrest du conseil du 23 » aoust 1729. Les sommes seront payées en deux termes » égaux, le premier depuis le jour de la publication du pré- » sent rolle jusqu'au premier aoust, et le second depuis le » premier juillet jusqu'au premier septembre de la présente » année 1730, ès-mains des sieurs Joseph Poignand, Charles » Brossaud et Julien Nepveu, fabriqueurs de la paroisse du » Pellerin, et par eux remises, huitaine après chacun des » termes échus, entre les mains de maistre Mathurin Bellà- » bre, receveur des fouages extraordinaires, qui en remettra » le fond, dans les premiers jours de may, et premier octobre » de la dite année, ès-mains du sieur de la Boissière, excepté » néanmoins de trois deniers par livre à nous accordez pour » les frais du présent rolle, et de pareils trois deniers » pour livre accordez pour droit de recette aux collecteurs » qu'ils retiendront par leurs mains. A laquelle repartition » a eslé procédé par nous, Gilles Geffray, sieur de la Panne- » terie, subdélégué de monseigneur l'intendant, avocat en » parlement, en présence des sieurs Cambry, Michel Saupin

» et Jean Pairon, députez à cet effet, par délibération du » général de la paroisse.

» Les collecteurs du présent rolle prendront le soin de » conserver et seront tenus de représenter au commissaire » qui fera le rolle de la capitation de la dite paroisse de l'an- » née 1731, à peine de cinquante livres d'amende, contre les » dits collecteurs.

« Arresté au Pellerin, le troisième février mille sept cens » trante.

» *Signé :* De la PANNETERIE GEFFRAY, subdélégué » de monseigneur l'Intendant.

« Je soussigné, certifie que le présent rolle a esté publié, » par deux dimanches consécutifs, à l'issue de la messe » paroissiale du Pellerin.

» *Signé :* LEGOUX, prêtre-vicaire. »

Nous possédons un aveu des village et tennement des *Petites-Rivières*, en la paroisse de Rouans : il renferme les droits et privilèges du seigneur du Pellerin. Nous transcrivons : An 1755

« L'an 1755, le 17e jour du mois de may, devant nous, » nottaires du roy de la cour royalle de Nantes et des chate- » lannies de Jasson et Malnoë au Pellerin, soussignés, avec » soumission et prorogation de juridiction aux dites chate- » lannies de Jasson et Malnoë au Pellerin, y promise et » jurées, etc., onts comparus en personnes messire Michel » Lefure, prestre titulaire et bénéficier des chapellenies de » Senson roze, et de Jan Debec, sittués en Rouans, demeu- » rant au bourg et paroisse du dit Rouans ; messire Michel » Mainguy, prestre titulaire et bénéficier de la chapellenie » de Miséricordes, en la dite paroisse de Rouans ; Julien » Bichon ; Simon Pain ; Jan Briand ; Etienne Rolland ; Ma- » thurin Bonfils, etc.

» Confessent et avouent les dits ci-dessus dénommés que » leur dit seigneur, à cause de ses dites chatelannies de » Jasson et Malnoë, a droit de haute, moyenne et basse justice,

» droit de fourche patibulaire à quatre pilliers, création
» d'officiers, scels de contrats et autres actes, taxes et amen-
» des, droits de lods et ventes au sixième denier, droit de
» quintaine sur les nouveaux mariés, rachaps et sous-rachaps,
» quen le cas y echoit, épaves et gallois, déshérences de lignes,
» successions de batards, droit de four à ban, et aux vassaux
» d'y faire cuire leur pain, droit de bans fermés dans les égli-
» ses du Pellerin, Brains et Cheix, sçavoir au Pellerin du
» costé de l'Évangile, et de Cheix, en tel endroit qu'il lui
» plaira, en étant le seul seigneur ; de mettre ses armes dans
» les vitres des dittes églises ; droit de halles, mesure à bled
» et à vin, d'aulne à drap, droit de foires dans les paroisses
» du Pellerin, Brains et Cheix, sçavoir au Pellerin le 25 mars,
» 15 et 16 août de chacun an ; Cheix, 3 février et 30 décem-
» bre, et à Brains le 10 août, aussi chacun an ; droit de pas-
» sage du Pellerin au port de Launay, universellement de faire
» passer et repasser le dit seigneur de Jasson, ses officiers,
» receveurs, domestiques, chevaux, carosses, bled, avoine,
» chiens, oizeaux de prois et autres choses, sans pouvoir, les
» dits passagers, pretendre aucuns sallaires, droit de moullins
» ou tous vassaux sonts obligés d'y aller moudre leurs grains.
» Reconnaissant, en outre, les avouants que leur seigneur est
» acquéreur à titre de rachapt perpétuel et irrévocable de Sa
» Majesté des droits de banalités, de moulins et four à ban,
» ou les vassaux du roy demeurant dans les paroisses de Pel-
» lerin, Brains, Saint-Léger et Cheix, sont obligés d'y aller mou-
» dre leurs grains ; et que les vassaux du roy demeurant dans
» le dit bourg du Pellerin et aux environs sont obligés d'y
» faire cuire leurs pains au four à ban du dit seigneur. Que
» leur dit seigneur a droit de marché dans le bourg du Pellerin
» tous les mercredys et samedy de chasque semaines, et tous
» autres fermes-droits qui lui appartiennent tant à cause de
» ses dittes chatellennies ainsi que le fief le requiert, que
» comme acquéreur des droits de banalités de moulins de Sa
» Majesté, etc.

An 1759 Cette année un étalon anglais est en dépôt chez le sieur Taillard du Plessis.

Nous avons trouvé, dans les registres des actes

de l'état-civil déposés aux archives de la mairie du Pellerin, la pièce suivante : (1)

« Le vingt-trois may mil sept cent cinquante-neuf, a été » baptisé *Joseph*, né le vingt-et-un du crurant, du légitime » mariage du sieur Joseph Fouché, capitaine de navires, et » de demoiselle Françoise-Marie Croizet, son épouse.

» Ont été parrain : François Gouy.
» marraine : D[lle] Jeanne Croizet.

» Ont signé au registre : Jeanne Croizet ; Magdeleine Croizet ; » Marie Trouillard ; Joseph Fouché ; François Gouy ; et » Merlin, vicaire. »

C'est ce Joseph Fouché qui fut préfet de l'Oratoire à Nantes, député à la Convention nationale, ambassadeur, ministre de la police, sénateur, duc d'Otrante.

La maison où il est né, au bourg du Pellerin, appartient à un industriel, M. Frédéric Olivier.

Joseph Fouché est mort à Trieste (Illyrie) le 26 décembre 1820. Il y fut inhumé dans la Cathédrale de San Giusto (2).

Nous avons extrait, des archives du Pellerin, la pièce suivante : An 1765

(1) On a souvent confondu la date de la naissance de Joseph Fouché avec celle d'un frère aîné portant le même prénom qui, né à la Martinière même paroisse, le 20 septembre 1754 mourût avant la naissance de son frère puîné (*Arch. municipales du Pellerin*).

(2) Cinquante ans plus tard, le 22 juin 1875, ses restes, ramenés de Trieste par les soins de ses enfants, ont été déposés dans le cimetière de Ferrière près de sa première femme et près du château aujourd'hui disparu, qu'il y a possédé (E. Chédieux, *Châteaubriant et Mme de Custine*. — Plon. — 1893 f° 195).

« Evêché de Nantes. — Paroisse du Pellerin.

» Capitation.

» 21 *deniers pour livre, milice et casernement, remplacement* » *des frais de milice, et dépences annuelles des milices-garde-* » *côtes.* (Archives du Pellerin, registre C. C. 2).

» Rolle de répartition des sommes qui doivent être payées » par tous les habitants sujets aux impositions roturières de » la paroisse du Pellerin, trèves et frairies en dépendantes, » en exécution des déclarations du roi des 12 mars 1701 et » 9 juillet 1715, de l'abonnement qui en a été fait par les » États de cette province de Bretagne, et des arrêts rendus » en conséquence, ensemble pour les vingt-un deniers pour » livre de ladite imposition, pour droits réunis au corps des » États par édit du mois de novembre 1711, pour partie de » la solde, l'habillement, l'entretennement et autres dépen- » dances concernant les milices, suivant l'arrêt du conseil » d'État du roi du 13 septembre 1761, pour les fourages, » supplément de fourages, ustensiles, casernement, et pour » la dépense annuelle des milices-garde-côtes, en exécu- » tion des délibérations des États de 1764, par lesquels ils » ont accepté l'abonnement et l'administration de ces objets, » et aux arrêts du conseil rendus en conséquence, auquel » rolle a été procédé par nous Jan Thomas Cocaud du Bos- » chet, transportement de MM. les commissaires des États de » la province de Bretagne, conformément à la commission » et au mandement de nosseigneurs les commissaires des » États, et ce en présence des sieurs Joseph Joiau, Thomas » David, Simon Bertreux, Pierre Olive, Joseph Chauvelon, » André Mocquard, Joseph Veillet, Jan Neveu et Julien » Chisché.

» Le nombre des contribuables s'élève à 424.

» Vu et calculé, le présent rolle de répartition, par nous, » arrêté pour les objets ci-après détaillés de l'année 1765, sur » les habitants de la paroisse du Pellerin, trèves et frairies » en dépendantes, lequel monte à la somme de dix-neuf cens » seize livres, dix-neuf sols, onze deniers . 1916^{l} 19^{s} 11^{d}

» Savoir :

» Pour la capitation. . . .	1329 l	« s	« d
» Pour les 21 deniers, etc. .	116	5	9
» Pour partie de la solde, etc.	166	9	«
» Pour fourages, etc . . .	305	5	2
Livres	1916	19 s	11 d

» Revenantes les dites sommes à la première de » dix-neuf cens seize livres, dix-neuf sols onze deniers » ci . . . . 1916 l 19 s 11 d

» Fait et arrêté au Pellerin, en présence des égailleurs » soussignés, et de ceux ci-devant nommés, le 15 juillet » 1765. Ont signé : Cocaud du Bochet, commissaire ; Joyau ; » Thomas David fils ; Julien Chiché ; Joseph Veillet ; Simon » Bertreux.

» Publié à l'issue de la messe paroissiale, au Pellerin, le » vingt-et-un juillet mil sept cent soixante-cinq.

» Signé : J. Nerrière, vicaire. (1)

» Le recteur est messire Couprie.

» Les vicaires MM. Lejeune et Nerrière. »

M. Binet était seigneur de Jasson en Brains, de Malnoë en Cheix, de Vigneu en le Pellerin. En cette qualité il rendait hommage au roi. Le 29 mai, une grande mission fut faite au Pellerin par deux prêtres de Nantes et six missionnaires de Saint-Laurent-sur-Sèvres connus alors sous le nom de *Mulotins*. (*Chevas*). An 1774

Sur la liste des capitaines au long-cours résidant An 1776

(1) Jacques Nerrière ordonné le 10 décembre 1763, né à Treillères, vicaire au Pellerin, recteur en 1787, s'expatria en Espagne où il mourut. (Semaine religieuse de Nantes, f° 1022).

au Pellerin, on trouve les noms de MM. Dahaire, David, Pellard et Taillard.

An 1779 Cette année et les suivantes sont fertiles en inféodations.

Voici le préliminaire d'un de ces actes :

« Sur la requête présentée au roi, en son conseil, par
» Jean-Marie-Victor-Étienne Binet, chevalier, seigneur de
» Jasson, grand bailly d'épée au comté Nantais, chevalier de
» l'ordre de Saint-Louis, contenant :
» Qu'il plaise à Sa Majesté de donner au requérant, pour
» en jouir en toute propriété : 1° la lande de la Ville-au-Vay,
» dépendant du domaine royal de la vicomté de Loyau :
» 2° la pièce dite de la Noë-Fouacereau, en la paroisse du
» Pellerin. »

La demande de M. Binet de Jasson lui fut octroyée, mais à la condition que ces immeubles fussent réunis à son fief de Vigneu : qu'ils fussent entourés de fossés et cultivés : de payer au contrôle, les frais de cette donation, etc. Ces charges ne furent jamais entièrement remplies par le seigneur de Vigneu (Voyez année 1860).

An 1781 Autre requête de M. Binet de Jasson et contenant que :

« Par contrat de 1745, la dame Guilbaud, veuve de N.
» Bernard, sieur de Grandmaison, et le sieur de la Turne-
» lière ont vendu et aliéné au profit du père du suppléant,
» tous les fiefs, domaines, rentes, et droits seigneuriaux
» situés en la paroisse du Pellerin, Cheix, îles circonvoisines
» etc., lesquels avaient été acquis le 16 juillet 1705 par le
» sieur Guilbaud, des commissaires généraux, députés par
» Sa Majesté, pour la vente de ses domaines. Le suppliant
» étant dans l'intention de faire la dépense nécessaire pour
» améliorer deux terrains dépendant de l'acquisition faite

» par son père, sollicite l'inféodation, à titre de propriété » *inamutable*. Les deux terrains dont il s'agit, sont deux îles » ou *créements* de graviers, situées l'une et l'autre dans la » Loire, paroisse du Pellerin. L'un est appelé l'île Calotte, » et l'autre la vasière de l'île Binet. »

Cette demande fut octroyée au suppliant moyennant une rente de quarante livres de froment, payable en argent, au minimum de dix-huit deniers par journal concédé ; à la charge aussi de mettre ces terrains en valeur, dans le délai de cinq années, c'est-à-dire de les consolider au préjudice du fleuve.

M. Binet, seigneur de Jasson, fit bénir la petite An 1783
chapelle qu'il avait au Bois-Tillac, par l'abbé de la Tullaye, archidiacre de la Mée, chanoine et grand vicaire de Nantes.

Les habitants du Pellerin votèrent pour donner An 1789
aux députés des États-Généraux, constitués en assemblée nationale, des pouvoirs illimités (*Lucas de la Championnière*).

Dès le commencement de cette année, l'inquié- An 1790
tude se manifesta. Les habitants de campagnes, ceux qui avaient été vassaux, murmuraient contre un nouvel ordre de choses qu'ils ne comprenaient guère, et qu'ils ne voyaient aucun intérêt à soutenir. (*Lucas de la Championnière*) (1).

(1) Lucas de la Championnière, Pierre Suzanne, né au château du Plessis, en Brains le 26 septembre 1769, fils de Pierre-Lucas de la Championnière, conseiller maître à la Chambre des comptes de Bretagne et de Madeleine Berroüette des Tilleuls.

Il fut à 23 ans choisi par environ 1500 paysans de Brains et des

Le 21 janvier, les électeurs du Pellerin sont convoqués pour établir la première municipalité communale. Ils se réunissent au nombre de cinquante-six. Joseph Taillard est nommé maire ; Jean-Baptiste Mainguy, procureur de la commune ; J. Chauveau, J. Sorin, P. Giraudeau et Mel Vrignaud, officiers municipaux. On leur adjoignit douze notables.

Le 4 mai, une assemblée est tenue à Paimbœuf. Le sieur Constantin Brillaud-Laujardière est nommé membre du district pour le canton du Pellerin.

Le 24 octobre les électeurs du canton procèdent à la nomination du juge de paix — 138 votants y prennent part. Constantin Brillaud-Laujardière obtient la majorité des suffrages.

paroisses voisines, exaspérés d'être appellés sous les drapeaux alors que les enfants des habitants influents des bourgs en étaient dispensés, pour organiser la résistance (10 mars 1793). Après avoir tenu quelques temps la campagne, il alla avec ses compagnons d'arme, se ranger sous les ordres de Charette près duquel il combattit jusqu'à la pacification de la Vendée, notant chaque soir, au feu du bivouac, les engagements et faits saillants de la journée. C'est à l'aide de ces précieux documents que rentré dans ses foyers et rayé de la liste des émigrés, il rédigea des Mémoires du plus haut intérêt que, par respect pour le désir qu'il en avait exprimé, sa famille n'a pas voulu jusqu'ici livrer à la publicité.

En 1816, M. de la Championnière fut élu conseiller général et député de la Loire-Inférieure.

Il avait épousé en 1796 Marie Plumard de Rieux dont il eût 4 enfants : 1° Paul, avocat à la cour de cassation, conseiller général de la Loire-Inférieure, jurisconsulte éminent, né en 1797 ; 2° Juste fondateur en 1830 d'un journal de médecine continué encore aujourd'hui par ses 2 fils : 3° Marcellin, ingénieur, mort célibataire en 1896 ; 4° Enfin Lucie, mariée au Dr Mériadec Laënnec.

La famille Lucas de la Championnière se rattache à une famille poitevine par Jacques Lucas, conseiller au Pésidial de Poitiers, qui en 1579, lors de la création du Parlement de Bretagne par Henri III, y fut appelé en qualité de Président à mortier. (V. Paul de Courcy, *Arm. de Bretagne*).

M. Robin était curé du Pellerin depuis 1782. Il fut dans l'obligation de quitter son presbytère. Croyant que, sous la République, il avait droit de jouir de sa liberté d'action, il déclara qu'il ne prêterait pas serment à la Constitution et, du haut de la chaire, en présence de l'administration, il commenta très sévèrement le décret de l'Assemblée nationale. — Un des administrateurs l'interrompit en lui disant : « En voilà assez. Descends ou je te fais fusiller. »

M. Robin (1) fut immédiatement inscrit sur la liste des déportés.

M. Valton, (2) vicaire, prêta serment.

Au mois de novembre, Joseph Fouché, du Pellerin, préfet de l'Oratoire, fut présenté par le

(1) Robin, Pierre Marie Honoré, né à la Chapelle-Bassemer le 12 septembre 1748, prêtre du 12 septembre 1772, curé du Pellerin du 28 mai 1782. Il avait révoqué le vicaire Valton, et, naturellement, le département avait donné raison à celui-ci. Menacé d'être traduit devant le tribunal du district de Paimbœuf pour discours inciviqués, il se retira à la Chapelle-Bassemer où sauf le temps qu'il passa à l'armée de Charette, il demeura caché pendant toute la Révolution et exerça son ministère. Dénoncé plusieurs fois sous le Directoire comme faisant des processions et enseignant publiquement le catéchisme ; émigré le 16 thermidor an V, M. Robin a laissé des Mémoires manuscrits qui ont servi à la rédaction d'une très intéressante notice intitulée : *La Chapelle Bassemer pendant la Révolution*, par l'abbé Juguet (Semaine religieuse de Nantes, numéros 27, 29, 32 et 34). M. Robin resta à la Chapelle-Bassemer comme prêtre habitué et mourut le 8 octobre 1805. (A LALLIÉ).

(2) Valton Jacques, né à Saint-Philbert de Bouaine, prêtre du 20 septembre 1788, vicaire au Pellerin, précédemment à Herbignac. élu curé du Pellerin le 15 mai 1791 sur le refus de M. Bouet. Installé avec le secours de la force armée le 22 mai 1791, resta au Pellerin jusqu'en août 1793, époque où il déclara à la municipalité de Saint-Etienne de Montluc qu'il désirait se fixer dans cette commune. (A. LALLIÉ, *Le clergé du diocèse de Nantes pendant la Révolution*.

citoyen Coustard-Massy à la Société des amis de la Constitution, formée à Nantes.

Le 21 novembre 1790, le Maire du Pellerin, se conformant aux exigences de la loi, mit les scellés sur les différents greffes des Justices féodales du canton, savoir : chez le sieur Joyau, greffier de la juridiction de Briord, commune de Port-Saint-Père dont l'auditoire se trouvait dans le bourg ; chez le sieur Poignant, greffier de la Châtellerie de Jasson et Malnoë et de la juridiction de Vigneu, au Pellerin ; des juridictions de Buzay, Buzon, Coislin et Viève s'exerçant au Pellerin par emprunt de territoire. Le même était pareillement greffier des juridictions du Pesle, du Branday et de la grande Haye-Moricière en Brains. (*Chevas.*)

An 1791 En Janvier 1791 la tranquillité troublée exige l'envoi de trente hommes (département 26 janvier 1891). Une lettre de la municipalité du Pellerin loue le vicaire Valton de la patience avec laquelle il a supporté les injures qui lui ont été adressées par les ennemis de la Constitution qui sont très nombreux dans cette commune (Chronique de la Loire-Inférieure, 28 mai 1791).

Le 17 février, Joseph Fouché fut nommé Président de la Société des amis de la Constitution.

Le 15 mai, M. Bouët (1) fut désigné par les élec-

(1) Bouet Pierre, né à Nantes, en Saint-Nicolas, prêtre du 5 mai 1782, vicaire de Mauves, élu curé du Pellerin par 27 voix sur 31, n'accepta pas. Qualifié : « Assermenté-rétracté » dans un état de fonctionnaires du district de Nantes des premiers mois de 1791. Massacré dans la paroisse de Mauves en 1794. (A. Lallié).

teurs réunis au district, pour remplacer le curé Robin. Le nouvel élu refusa de prêter serment en motivant qu'il était citoyen français, qu'il vivait sous un gouvernement ayant proclamé la liberté, que, conséquemment il avait le droit d'agir d'après sa libre volonté. M. Bouët figura immédiatement sur liste des prêtres soumis à la déportation ! Les électeurs procédèrent alors à la nomination d'un autre titulaire, et le vicaire Valton fut désigné. Cette nomination donna lieu à une vive protestation. L'installation fut fixée au 21 mai, et M. Saint, commandant de la garde-nationale de la commune, demanda à Paimbœuf l'assistance d'un détachement ; il rendit compte de cette cérémonie aux amis de la Constitution, dans une lettre que nous transcrivons en entier :

« Frères et amis,

» L'installation de notre frère Valton, à la place du curé » Robin, se fit hier, avec toute la pompe et cérémonie qu'on » peut attendre d'une paroisse aussi peu *conséquente*. Le » Conseil général de la commune y assitait, à l'exception de » deux membres. La garde-nationale, le détachement du » 84ᵉ régiment d'infanterie, et trente-trois de nos compagnons » d'armes de Paimbœuf augmentaient l'appareil de la fête. » La joie éclatait chez les bons patriotes, et le désespoir était » peint sur la figure des malintentionnés. Une partie de » ceux-ci quittèrent la paroisse dès la veille ; les autres, par » les lucarnes, étaient témoins de la joie des citoyens. Le » clergé, dont, à l'installation, était chef le curé Denghin, de » Saint-Jean-de-Boizeau, puis le Conseil général, la garde » nationale de Paimbœuf, celle du Pellerin, le détachement » du 84ᵉ régiment, et les bons citoyens dînèrent ensemble

» dans la cour de la cure. On y but toutes les santés patrioti-
» ques. Après vêpres, la garde nationale invita les corps
» différents à un feu de joie.

» Tout s'est passé dans la plus grande tranquillité et la
» démonstration de la plus grande joie.

» Nos camarades de Paimbœuf partent ce matin. La garde
» nationale du Pellerin, le détachement du 84e régiment et
» grand nombre de citoyens vont les conduire jusqu'à Vue.

» Je suis, etc. »

Pendant ce temps, les curés *insermentés*, Robin et Bouet, retirés à la Guilbaudière, attiraient la foule à leurs messes et à leurs prédications, tandis que le curé *assermenté* Valton prêchait dans le désert de son église abandonnée. Mais le District, sur la plainte de la municipalité, arrêta que les deux prêtres qui avaient refusé de prêter serment, et tous ceux dans le même cas, devaient s'éloigner, dans les vingt-quatre heures, des paroisses ci-devant administrées par eux (*J. Chevas*).

Le 22 septembre, M. Constantin Brillaud-Laujardière donna sa démission de membre du District.

La vente des biens ecclésiastiques se fit en vertu d'un décret de l'Assemblée Constituante. Le 18 octobre, le District de Paimbœuf aliéna deux maisons, au bourg du Pellerin, dépendante d'une fondation, sur la mise à prix de onze cents livres.

Au mois de décembre, on vendit la partie du pré des Rouzerolles, appartenant aux religieuses des Couëts, sur l'évaluation de six mille six cents livres.

Les électeurs furent convoqués pour choisir les officiers de la garde nationale. Les partis étaient en présence ; il en résulta une légère émeute dans laquelle un garde national fut violemment frappé, et un membre du Conseil municipal fut insulté. Craignant une révolte générale, l'autorité locale demanda à Nantes et à Paimbœuf des forces suffisantes pour *vaincre* les rebelles, s'ils voulaient exécuter leurs menaces, principalement dirigées contre le curé constitutionnel.

Le recensement de 1791 porta le nombre des habitants au chiffre de 2.134.

Joseph Fouché fut nommé à la Convention nationale. Il épousa Bonne-Jeanne Coiquaud : nous transcrivons, ici, son acte de mariage : (1)

« Le seize septembre mil sept cent quatre-vingt-douze,
» après la publication d'un banc canonique faite aux prônes
» des grand'messes de cette paroisse et de celle de Saint-Clé-
» ment, en cette ville, sans opposition ni empêchement venus
» à notre connaissance ; vu le certificat et la dispense des

(1) Joseph Fouché épousa en seconde noces (1815) N. de Castellane dont il n'eût pas de postérité. Elle est morte le 21 mai 1875. Il avait eu de son premier mariage avec Bonne-Jeanne Coiquaud trois fils et une fille :

1° Joseph-Etienne-Jean, marié à N. Colin de Sussy, mort sans enfant, le 31 décembre 1862, âgé de 66 ans ;

2° Armand, décédé célibataire à Stockholm, le 26 novembre 1878 ;

3° Anathase qui, de ses divers mariages a laissé : Gustave, duc d'Otrante, général dans l'armée Suédoise, marié ; — une fille, la comtesse de Thure de Bielke ; — et, en dernier lieu, Paul, fixé à Paris ;

4° Joséphine Armande, mariée au comte de Thernes et mère de Mesdames de Castelbajac et de Saint-Roman. (Extrait de lettres de part communiquées).

» deux autres accordée par M. l'évêque de ce département,
» en date du douze de ce mois, nous curé, soussigné, avons
» fiancé et épousé, en cette église, Joseph Fouché, citoyen
» Français, député à la Convention nationale, fils majeur de
» feu Joseph Fouché, capitaine de navire, et de dame Marie-
» Françoise Croizet, sa veuve, consentante par écrit, natif de
» la paroisse du Pellerin, district de Paimbœuf, en ce dépar-
» tement, et domicilié en celle de Saint-Clément, d'une part ;

» Et demoiselle Bonne-Jeanne Coiquaud, fille majeure de
» Noël-François Coiquaud, président de l'administration du
» District de Nantes, et de dame Marguerite Gautier, son
» épouse, présente et consentante, native de la paroisse de
» Sainte-Croix de cette ville, et domiciliée de celle-ci, rue de
» Gorges, d'autre part.

» Ont été témoins du présent mariage, du côté de l'époux :
» Jean-Julien Fouché, son frère germain, et Pierre-Louis
» Broband, ancien capitaine de navire, son beau-frère ; et
» du côté de l'épouse : Noël François, notaire public, et
» Pierre François, lesquels signent, ainsi que les époux.

» Ont signé : Bonne-Jeanne Coiquaud ; J Fouché ; Coi-
» quaud ; Gauthier-Coiquaud ; Coiquaud, fils ; Joseph Fou-
» ché ; L. Broband ; Pierre François ; Clody, vicaire de Saint-
» Nicolas, et Lefeuvre, curé de Saint-Nicolas. »

An 1793 Un certain nombre d'habitants du Pellerin se joignit au rassemblement royaliste qui se formait dans les communes de Chauvé et d'Arthon.

Le 14 mars, les royalistes entrèrent au Pellerin. Voici le procès-verbal que le district de Paimbœuf rédigea à ce sujet :

» Ont comparu le vendredi quinze mars 1793, les citoyens
» Jean Mainguy, maire de la commune du Pellerin ; Pierre
» Giraudet, procureur de la dite commune ; Alexis Chauve-
» lon, membre du Conseil municipal ; François Maillard,
» capitaine de la garde nationale ; Pierre Brechet, sergent ;
» Lafaille ; Allaire, receveur des douanes ; Pierre Valton,
» curé ; Claude-François-Constantin Brillaud-Laujardière,

» juge de paix, et Mathurin Sagori, garde national, tous » habitants de la dite commune.

» Lesquels nous ont déclaré que le lundi onze mars, le » rassemblement des paroisses de Cheix, de Rouans et » autres, portèrent les citoyens de la dite commune à se » réunir en armes, pour repousser les ennemis de la loi. » Qu'après avoir gardé, pendant trois jours, la commune de » toutes incursions, voyant leurs concitoyens fatigués, ils » écrivirent, aux paroisses rassemblées pour savoir le motif » qui les portait à s'armer contr'eux ; les engageant à dé- » duire leurs motifs et à nommer des commissaires afin de » faire cesser un rassemblement aussi alarmant.

» Les ennemis réunis députèrent douze d'entr'eux, envi- » ron, pour dresser un traité de paix, portant promesse de » repousser les ennemis, et de se porter réciproquement » secours et protection. Le pacte étant fait à la Chambre des » amis de la liberté et de l'égalité, le nommé Jean Legeau » entra. Après avoir entendu la lecture, dit : *La paix, ou sans » quoi je vais chercher, dans la paroisse de Brains, cinq cents » hommes à la tête desquels je suis : ils sont près du Clos- » Roux, et ils entreront à ma volonté !*

» Aussitôt, les bons citoyens pressèrent les commissaires » de descendre pour que lecture fût faite à la tête de la garde » nationale, du pacte ci-dessus cité, et ensuite de le commu- » niquer à l'attroupement armé de fusils, faulx, fourches, » lances et bâtons.

» Lecture faite du traité de paix étant approuvée par nos » gardes nationaux, ils arrêtèrent que les citoyens Mainguy, » décoré de son écharpe, et Brillaud-Laujardière, accompa- » gneraient les commissaires pour donner, pareillement, » lecture du traité de paix aux attroupés.

» Le citoyen Brillaud fut arrêté et mis en ôtage avec vio- » lence et menaces par Jean Legeau et autres qui, plusieurs » fois, manifestèrent l'intention de le tuer.

» La tranquillité du Pellerin n'a été due qu'à la sagesse et » à la prudence de ses bons citoyens, qui consentirent à la » décharge de leurs canons et fusils, comme aussi ceux-là » déchargèrent leurs armes. Ensuite, ils entrèrent par la » place de la Liberté, décorés de la cocarde blanche. Ils firent

» mettre bas la cocarde nationale à leurs ôtages, et entrèrent
» en criant : « *Vive le roi ! Nous voici enfin les maîtres !* »

» L'attroupement dissipé, Jean Legeau traîna et fit traîner
» les canons et pierriers que les citoyens avaient mis pour
» leur défense. Les dits canons furent jetés au bas du rivage.
» Les menaces, les propos injurieux contre la Nation portèrent
» les citoyens soussignés à abandonner leurs maisons, ne
» voulant pas être témoins de nouveaux malheurs.

» Dans cette réunion royaliste, on remarquait Jean Jousse ;
» Julien Bertin de la paroisse de Rouans ; les deux frères
» Fouquet ; François Cornillaud de Cheix ; Claude et Joseph
» Veillet ; Jean Ravilly ; Pierre David ; Pierre Laprée ; Pierre
» Galonnier ; Pierre Visonneau fils, serrurier, et autres.

» Ont signé : Mainguy, maire ; Valton, curé ; Allaire ;
» Chauvelon, officier municipal ; C. Brillaud ; Giraudet ;
» Sagory, fils ; Maillard ; Lafaille ; et Bréchet, sergent. »

Le 12 avril, 1.200 volontaires de la garde nationale de Nantes vinrent coucher au Pellerin et à Saint-Jean-de-Boizeau. Le lendemain, ils se rendirent à Paimbœuf. Le 14, trois cent trente-huit marins arrivèrent au Pellerin, sur un ponton armé. Ils enlevèrent l'artillerie et les munitions qu'ils y trouvèrent savoir : quinze pièces de canon de 6 et de 4, huit obusiers, deux barils de plomb, et un de poudre.

Le 4 août, les royalistes, sous la conduite de M. Lucas de la Championnière, entrèrent dans le bourg du Pellerin. Ce chef, comprenant qu'il ne pourrait que difficilement s'y maintenir, se borna à établir un comité et des postes sur plusieurs points. Un nommé Mel Letourneux commandait le poste de la Cossonnière presqu'à l'extrémité de la commune. Nous avons trouvé le curieux sauf-conduit qui suit. Nous le transcrivons littéralement, car il est digne de figurer dans un traité de cacographie :

» De par le roi,

» Laissé passé Jaquet Letou qui vat cherché son marie et » son fraire je vous prie bien de laissé passé cet famme au » corps de garde à la Cossonnière ce 4 août. Signé : Letour- » neux, commandant. »

Dans les premiers jours du mois de septembre, le général Beysser reçut l'ordre de *balayer* la rive gauche de la Loire, et de se porter ensuite sur la forêt de Princé pour en chasser les royalistes. Le douze du même mois, cet officier républicain donna avis à Canclaux, son supérieur:

» Qu'il avait fait incendier les bourgs du Pellerin et de » Rouans, points principaux de réunion des rebelles, mais » que les maisons et les propriétés des bons patriotes avaient » été respectées et garanties du pillage, par une proclama- » tion très-énergique du représentant Cavaignac, qui l'ac- » compagnait avec son collège Turreau (1).

Après le départ de la colonne républicaine, des hommes, dont la figure était noircie, pillèrent, à leur tour, les maisons épargnées par les soldats de Beysser. Ils ne trouvèrent pas un habitant dans le bourg, si ce n'est une pauvre femme veuve qui était folle, et qui, ne comprenant pas le danger

(1) Pour exécuter les ordres de Canclaux, Beysser partit du Château d'Aux où il était cantonné et ravagea les bourgs et les villages du Pellerin et de Rouans C'est évidemment à Beysser et à l'armée de Mayence qu'il faut attribuer l'incendie de l'église du Pellerin et d'une grande partie du bourg, de la Cossonnière, de la Guilbaudière, du Boistillac et autres lieux. (*Chevas*, page 800 et suivantes).

auquel elle s'exposait, vivait seule au milieu des ruines. Elle se nommait Mme Cheviteau et avait perdu le raison en voyant se noyer sous ses yeux à Paimbœuf son mari au retour d'un long voyage. Elle mourut vers 1809.

M. Louis Broband, capitaine de marine marchande, était parvenu à sauver de l'incendie allumé par les ordres de Beysser, et du pillage auquel s'étaient livrés ses soldats, cent trente-sept registres des actes de l'état-civil de la commune. Il les envoya au district de Paimbœuf qui, quand la tranquillité fut rétablie, les réintégra aux archives de la mairie du Pellerin. C'est donc à M. Broband qu'est due la conservation de ces registres si utiles à un grand nombre de familles.

An 1794 On trouve dans la collection des pièces intéressantes que possède M. Dugast-Matifeux, de Nantes, un jugement rendu par une commission militaire au bourg du Pellerin. Nous le transcrivons :

« Séance du huit pluviôse, an deuxième de la République » française, une et indivisible, après-midi.

» Président : Anne-Jacques-Joseph Lenoir.

» Assistants : Etienne Quique ; Claude Castice et Jean » Terrail.

» La commission militaire, en reprise d'instance, a fait » comparaître : 1° Jean Chauvelon, barger, âgé de 39 ans, » ayant trois enfants de huit, de sept et de deux ans ; 2° » Jacques Guérin, âgé de vingt ans, laboureur, garçon ; » 3° François Rialland calfat, âgé de 25 ans, ayant un enfant » de 14 mois, ces trois natifs de la commune du Pellerin ; » 4° Julien Dauly, âgé de 42 ans, natif de Saint-Herbelain ;

» 5° Jean Diard, âgé de 40 ans, charpentier, natif de Blain,
» ces deux derniers aussi domiciliés au Pellerin, *accusés*.

» Après leur avoir donné publiquement lecture du procès-» verbal rapporté à bord du corsaire *La Bonne Intention* : » d'un autre procès-verbal rapporté à bord du corsaire *Le* » *Courageux*, en station devant le Pellerin, en date du deux » du présent mois, signé Goguet, major, et Rodrigue ; avoir » entendu : François Lebrun, âgé de 66 ans, natif de Montai-» gu, domicilié au Pellerin ; Guillaume Jousset, âgé de 58 » ans, marchand de vin, natif du Pellerin ; Michel Taillard, » père, âgé de 70 ans, marchand, natif du Pellerin ; Jean-» François Secher, âgé de 58 ans, agriculteur, natif du » Pellerin ; Michel Taillard, fils, âgé de 18 ans, agriculteur, » natif du Pellerin ; Pierre Bourget, âgé de 58 ans, fer-» mier, natif de Saint-Julien ; Jean Jousset, âgé de 50 ans, » marchand de vin, natif du Pellerin ; Jean Sorin, âgé de » 38 ans, laboureur, natif du Pellerin ; Pierre Tual, âgé de » 38 ans, charpentier, natif de la Chapelle-des-Marais, et » Michel Baudoin, âgé de trente ans, natif de Machecoul, » tous domiciliés du Pellerin et réfugiés en la commune de » Couëron, témoins appelés.

» Après les avoir entendus dans leurs dépositions orales, » les accusés dans leurs défenses verbales jointes à leur » interrogatoire du 4 de ce mois :

» La Commission les déclare atteints et convaincus d'avoir » été des premiers à paraître dans les révoltes et émeutes qui » ont eu lieu dans la commune du Pellerin et environs ; de » s'être alliés aux rebelles pour l'attaque du Port Saint-Père » et du château d'Aux, armés de fusils et de piques, et » notamment, le dit Chauvelon. d'avoir volé une pendule » chez Tual, déposant ; d'avoir été arrêté attroupé et en com-» pagnie de quatres autres qui étaient cachés armés dans des » chemins creux.

» Pour réparation de quoi, et conformément aux articles » 1, 3, 4, de la loi du 19 mars dernier, ainsi conçus : Ceux » qui ont portés les armes contre la République, qui auront » pris part aux révoltes et émeutes contre-révolutionnaires, » etc., subiront la peine de mort ;

» Condamne : Jean Chauvelon, Jacques Guérin, François

» Rialland, Jean Diard et Julien Doly à la peine de mort ;
» Ordonne la confiscation de leurs biens au profit de la » République ;
» Ordonne que le présent jugement soit exécuté dans les » vingt-quatre heures et de jour ; imprimé au nombre de cent » exemplaires, publié et affiché aux endroits ordinaires. »

Le 18 mars, conformément aux ordres du district. le conseil de commune arrêta que toutes les femmes *suspectes, celles dont les maris* ou les enfants étaient parmi les royalistes, ou morts en combattant pour eux, seraient conduites à Nantes pour y être jugées.

Dans le mois de juin, la municipalité donna à ferme un grand nombre de parcelles de terre et de pré appartenant à la Nation, attendu, dit le préambule de l'acte d'adjudication, qu'elles avaient été sequestrées sur les émigrés.

Elle vendit aussi plusieurs récoltes sur pied. abandonnées par leurs propriétaires qui s'éloignaient précipitamment de leur pays pour échapper aux monstrueuses cruautés du conventionel Carrier.

An 1795 M. Saint fut nommé, le 15 novembre, commissaire civil du canton du Pellerin.

An 1796 Au mois de février, les électeurs de la commune, au nombre de trente-et-un, se réunirent pour procéder au renouvellement de la municipalité. Le sieur Baudouin fut élu agent municipal, et le sieur Sauvin, son adjoint ou substitut. Tous deux refusèrent. Le onze avril, un commissaire du pouvoir exécutif arriva au Pellerin. Il ordonna la convocation des électeurs de la commune, puis il déclara que, si aucun habitant ne voulait accepter les fonctions publiques, il nommerait des agents étrangers pour l'administration municipale, lesquels seraient salariés par la commune. Quelques jours après, Baudouin obtint encore le plus grand nombre de voix : il accepta, dans l'intérêt de ses concitoyens, dit-il, les fonctions d'agent municipal. Chatelier fut son adjoint. Mainguy remplit les fonctions de président de l'assemblée cantonale ; Saint fut nommé commissaire du pouvoir exécutif, et Giraudeau secrétaire de l'administration.

Le 20 août, M. René-Marie Veillechèze vint se fixer, comme médecin, au bourg du Pellerin.

Le chiffre officiel de la population de la commune An 1797
était de 1.257 habitants.

M. Denghin, ancien curé de Saint-Jean-de-Boizeau, ayant renoncé au sacerdoce, épousa, dans cette même commune, le 13 janvier, Thérèse Landais. Le 6 avril, il fut nommé juge de paix du canton du Pellerin.

Un sieur Rolland se rendit adjudicataire de la perception des contributions de la commune.

Dans les temps de révolution, beaucoup d'hommes se laissant aller à leur instinct féroce, répandent autour d'eux la désolation, la ruine et la mort. Ainsi, en septembre 1792, on massacra impitoyablement, pendant quatre jours, tous les malheureux détenus dans les prisons de Paris. En 1793, on fit la loi des suspects. A Nantes, on inventa les bateaux à soupape, dans lesquels les victimes étaient transportées au milieu de la Loire pour y être submergées. Et la guillotine abattant les têtes dans toutes les villes ! Et les mitraillades à Lyon ! Et la fusillade partout !

Un jour, à Nantes, un pauvre diable, ouvrier honnête et laborieux, fut dénoncé comme suspect par un de ses voisins jaloux. Le tribunal révolutionnaire devant lequel il comparut ne trouva pas à sa charge la moindre peccadille. Alors un des membres se leva : « J'ai appris, dit-il, que ce » citoyen est suspecté d'être suspect ; je vote la » peine de mort ! » (*Historique*).

Voici une maxime du comité révolutionnaire :

« En révolution, il vaut mieux que dix bons patriotes aient » à souffrir d'une erreur involontaire, que de voir échapper » un seul conspirateur ! »

Tableau de ce qu'a coûté à la France, en hommes et en argent, la République de 1793.

Emprunts forcés	2,000,000,000 fr.
Vente de biens nationaux	3,000,000,000
Emission d'assignats	47,000,000,000
Emission de mandats.	2,407,000,000
Total du passif. . . .	54,407,000,000 fr.

Ajoutons à cela 27,000 villes, bourgs, villages, châteaux, hameaux, métairies, fermes, détruits en France ou dans les colonies par la guerre civile et par la guerre étrangère causées l'une et l'autre par la folie furieuse des assemblées révolutionnaires.

Notons que pendant cette période, la France a vu périr, par les proscriptions, la famine, l'échafaud, les noyades, etc., près de quatre millions d'habitants (hommes, femmes, enfants).

Voici, au surplus, un aperçu des victimes de la Terreur, dans les départements de la Vendée et de la Loire-Inférieure :

GUILLOTINÉS.

Nobles, femmes nobles, femmes de laboureurs et artisans, religieuses, prêtres, non nobles . . .	18,613

AUTRES VICTIMES.

Femmes tuées dans la Vendée	15,000
Enfants tués dans la Vendée	22,000
Morts dans la Vendée	900,000
Victimes de Carrier à Nantes	3[illegible],000
Enfants fusillés	2,000
Femmes fusillées	764
Prêtres fusillés	760
Nobles noyés.	1,460
Artisans noyés	5,300
Total.	997,897

Au milieu de ces scènes de la plus cruelle barbarie, nous trouvons la proposition bouffonne suivante :

» Le citoyen Saint, commissaire du pouvoir exécutif, émet
» l'avis, *qui est adopté par la municipalité entière*, que les
» lettres, demandes, pétitions, etc., dans lesquelles on aura
» employé les termes de Monsieur, Madame ou Mademoi-
» selle, ne soient pas admises par l'Administration. »

An 1798 Le Pellerin fut de toutes les communes environnantes celle où la guerre civile étendit le plus ses ravages. La campagne dévastée, le bourg et les villages incendiés n'offraient plus de ressources aux industriels et aux commerçants. La misère régnait partout ; le désespoir était dans tous les esprits et la vengeance dans tous les cœurs.

An 1799 Le 21 janvier on célébra, au Pellerin, l'anniversaire de la mort de Louis XVI. La municipalité y assista. Cette fête était barbare et impolitique au premier chef. Elle ne pouvait qu'entretenir la haine entre les royalistes toujours nombreux dans le canton, et les partisans du nouveau régime.

Joseph Fouché, du Pellerin, fut désigné comme ambassadeur près la république batave. C'était un homme très instruit, très rusé, et qui, par conséquent, devait être un diplomate des plus remarquables : quelques mois après, il était ministre de la police.

Jusqu'à la réédification, en 1800, de l'église qui avait été incendiée en 1793, par les soldats de Beysser, les cérémonies du culte s'effectuaient dans une vieille chapelle dédiée à saint Antoine et qui était située Grande Rue, côté nord, au levant de la maison Gaudron.

M. Constantin Brillaud Laujardière, membre démissionnaire du district de Paimbœuf, juge de paix du canton du Pellerin depuis le 24 octobre 1790, fut nommé juge du tribunal civile d Nantes.

Au commencement de cette année, la tranquillité n'était pas entièrement rétablie dans le canton du Pellerin. Des bandes armées parcouraient sans cesse les campagnes. Les gardes nationaux du Pellerin se mirent à leur poursuite, et, dans une rencontre, un de ces derniers fut tué, et plusieurs autres furent blessés. An 1800

Les victoires, en Italie, du général Bonaparte, fixèrent l'attention de toute la France. On parlait des triomphes remportés sur les Autrichiens à Montebello et à Marengo, avec un enthousiasme qui eut pour effet de calmer la haine mortelle que les partis s'étaient vouée. L'ordre se rétablit peu à peu dans les villes et dans les campagnes. Les partisans de la cause royale rentrèrent dans leurs villages, déposèrent leurs armes, et commencèrent à se livrer aux travaux de l'agriculture. La guerre civile n'existait plus !

Pendant sa détention à Ham, un homme qui a joué un grand rôle dans la guerre de 1870, disait : « Quand un peuple est difficile à gouverner, il » faut l'abreuver de gloire ! »

Le 28 avril, M. Maublanc fut nommé sous-préfet de l'arrondissement de Paimbœuf.

Au mois de mai, l'Administration municipale mit en adjudication le bail des biens nationaux ci-après :

1° Les tenues des Hautes Angles, du Ply, de la Bafrie, des Gennes, du pré du Milieu, du Grand

Verdet, des Chapelles de la Cave. Tous ces immeubles avaient dépendu de l'abbaye de Buzay.

2° Les Véraux, le Massereau. Ces prés avaient appartenu à M. Gueurouet-Boisclaireau, émigré.

3° La vingtième partie des prés Héret et Sardines, M. de Goyon, émigré, en était jadis le propriétaire (1).

4° La Saussaie Nicolon, dans l'île des Masses, cinq bauches dans les Rousseroles, ayant appartenu à M. Lemeignen, ex-prêtre de Machecoul.

Aucun adjudicataire ne se présenta.

Dès cette époque, le sentiment public, en France, se prononçait contre les doctrines de 1793. La Nation redevenait monarchiste par son instinct, par ses intérêts et par son passé.

An 1803 Le 26 janvier, M. Soret né à Ancenis, le 27 juin 1756, prêtre du 22 décembre 1781, est nommé curé du Pellerin. Il avait été vicaire à Frossay avant la Révolution et il y était depuis deux ans quand il reçut l'ordre de s'éloigner de trois lieues de sa paroisse (Département, 2 décembre 1791). Il s'expatria en Espagne. Fut inscrit le 3 octobre 1792, sur la liste des émigrés du canton d'Ancenis. Mort le 3 octobre 1830, curé du Pellerin.

Cette année, était maire J. B. Mainguy ; Hochet, receveur de l'Enregistrement ; Danghin, juge de

(1) Cette partie de pré, restituée plus tard à la famille de Goyon, fut vendue par elle (Etude de Bussy, Nantes) le 15 octobre 1818, à M Pierre Veillechèze, percepteur au Pellerin et est actuellement connu, dans le pays, sous le nom de « Pré Veillechèze ».

paix ; Joyau, greffier ; Durance et Morau, notaires ; Guillet, syndic des gens de mer.

Tous les fonctionnaires publics assistent en costume à la procession de la fête Dieu. Singulier effet des discordes civiles et des commotions politiques ! Le prêtre qui, quelques années auparavant, eût été arrêté et incarcéré par les mêmes fonctionnaires, est alors suivi respectueusement par eux. An 1806

M. Pierre Veillechèze, ancien officier de marine, est nommé percepteur au Pellerin. (1)

Le Bureau de Bienfaisance du Pellerin est autorisé à accepter le legs d'une rente annuelle et perpétuelle de deux cents francs faite par Mlle Conil aux pauvres de la commune. An 1808

Maire, M. Merland de la Clartière propriétaire à

(1) Né à Bouaye le 18 janvier 1769, fils de René de Veillechèze et de Marie David. Embarqué comme lieutenant à bord du Corsaire le *Chéry*, de Nantes, du port de 600 tonneaux, armé de 22 canons, il assista avec MM. Isaac Boquien Pierre Praud-Nicollière, Julien Bricard, Pascal Charrault, Pierre Poulain et autres, au combat que soutint ce navire le 16 nivôse an VI (5 janvier 1798) contre la frégate anglaise la *Pomone*, armée de 46 canons. Dans cette lutte inégale, le *Chéry* fut coulé après une résistance acharnée. (Voir « *Les oubliés* ». Le *Chéry* par S. de la Nicollière, archiviste de la ville de Nantes Lafolye imprimeur à Vannes, 1893). Fait prisonnier sur parole, on lit sur le cartel d'échange de M P. Veillechèze l'annotation suivante de M. Niou commissaire du gouvernement en Angleterre : « Échange conformément à mes instructions et d'après l'autorisation du Ministre de la Marine, pour s'être défendu avec un courage héroïque et jusqu'à ce que le bâtiment fût prêt à couler. Londres, 22 juin 1799 ».

Rentré en France, il reprit la mer comme aspirant, puis comme lieutenant en pied à bord de la canonnière de l'Etat n° 87. Il obtint son congé définitif le 5 juin 1805. En 1806 il fut, en raison de ses services, nommé percepteur au Pellerin et en remplit sans interruption les fonctions jusqu'au mois d'octobre 1836, époque de son décès. (Etats de services de mon grand-père maternel).

la Cossonnière. Adjoint, M. François Poisson, médecin.

An 1816 MM. Danghin, juge de paix, et Joyau, greffier, anciens prêtres, sont révoqués. M. Pellerin est nommé juge de paix et M. Berthelot, greffier.

An 1820 M. Henri Lehure, propriétaire à la Ville-au-Vay, est nommé juge de paix en remplacement de M. Pellerin démissionnaire.

An 1822 M. François Poisson, médecin, est nommé maire.

M. P. Veillechèze est maintenu dans ses fonctions de percepteur et receveur municipal de la réunion du Pellerin composée des communes du Pellerin, de Saint-Jean-de-Boiseau, de Port-Saint-Père et de Cheix.

An 1828 M. Reculé est nommé receveur de l'enregistrement.

An 1830 Charles X trouvait dans la chambre des députés une opposition formidable. Le 2 mars, un nouveau ministère présidé par le Prince de Polignac, se présenta à l'ouverture de la session. La majorité de la chambre déclara que le Ministère n'avait pas sa confiance. La chambre fut dissoute et, afin d'en former une nouvelle, les collèges électoraux furent convoqués. Le 26 juillet, parurent quatre ordonnances par lesquelles la censure était rétablie, la chambre nouvelle dissoute, une modification au régime électorale adoptée.

La bourgeoisie redoutait une révolution, mais elle avait peu à peu été poussée à l'insurrection par la presse périodique, par les plus audacieux et par les plus compromis. Les journaux répandus dans les lieux publics, incriminaient depuis longtemps tous les actes du gouvernement ; ils engagèrent à la résistance ; ils étaient dans leur rôle.

En effet, qu'avait répondu l'opposition à ces ordonnances ?

« Que dans la situation où la France était placée,
» l'obéissance cessait d'être un devoir ; qu'en
» matière de presse et d'élection, une loi seule et
» non une ordonnance pouvait statuer. »

La lutte commença le 26 du même mois de juillet et se prolongea pendant les journées des 27 et 28.

Charles X abdiqua.

Le duc d'Angoulême suivit son exemple.

Dans la plupart des communes de la Loire-Inférieure, et dans celle du Pellerin en particulier, les souvenirs de 1793 ne s'étaient point effacés de la mémoire de bien des gens qui avaient été acteurs dans les luttes fratricides de cette époque. La révolution, opérée à Paris, fut reçue sans enthousiasme, mais aussi sans opposition.

Des comités de souscriptions furent organisés par ordre, et on forma des contrôles de la garde nationale.

M. Poisson, maire, fut révoqué. Il fut remplacé par M. Jean-Baptiste Joyau, propriétaire.

An 1831 Le 9 janvier, les gardes nationaux du Pellerin, de Rouans et de plusieurs autres communes du canton, se rendirent à Nantes pour recevoir les armes qui leur étaient destinées, et pour assister à une grande rev eu.

Le 26 du même mois, des invitations officielles furent adressées à toutes les gardes nationales du département pour une revue que devait passer à Nantes l'un des aides de camp du roi. Mais le six février, jour fixé pour la fête, la pluie fut torrentielle. Les gardes nationaux ruraux arrivèrent ; ils furent contraints de bivouaquer dans la boue, la municipalité ne s'occupant pas de leur donner un abri. Enfin on finit par leur distribuer des billets de logement, mais pour des quartiers où l'aspect d'un garde national était presque une provocation. A onze heures, ils se rendirent sur le cours Saint-Pierre; la pluie continuant à tomber, la revue n'eut pas lieu.

Un sous-officier rapporta de la mairie la réponse suivante : Ces messieurs ne savent que devenir ? qu'ils partent ! »

Les commandants des gardes nationales de Paimbœuf, du Pellerin, de Rouans et de plusieurs autres communes, adressèrent une lettre collective au préfet, dans laquelle ils manifestèrent tout leur mécontentement.

Le 22 octobre, les gardes nationaux du canton se réunirent au Pellerin pour passer la revue du sous-préfet de Paimbœuf.

M. Jean-Baptiste Joyau fut élu membre du Conseil de l'arrondissement de Paimbœuf, en remplacement de M. Binet de Jasson.

M. Rouiller, chanoine honoraire de Nantes, fut An 1832
nommé curé du Pellerin, en remplacement de M. Soret, décédé.

Par suite du décès de M. Roullier, la cure du An 1835
Pellerin fut occupée par M. Dubreil.

Une ordonnance royale autorisa la création d'une nouvelle foire au bourg du Pellerin, à l'époque du 5 novembre de chaque année.

Par décret du 22 décembre, M. Jean-Baptiste Bichon fut nommé greffier de la justice de paix du canton du Pellerin.

Le Conseil général du département, prenant en An 1837
considération l'importance toujours croissante du bourg du Pellerin, et de ses relations nombreuses par la Loire, rappela à l'administration la réalisation du projet d'une chaussée d'embarquement réclamée depuis longtemps. Une enquête fut ouverte à la préfecture et à la sous-préfecture de Paimbœuf sur les travaux à exécuter pour l'amélioration du port du Pellerin. — La commune fut cadastrée en 1837.

M. René Veillechèze fut nommé suppléant de la An 1838
justice de paix du canton.

On s'occupa, en cette année, de la construction d'une chaussée d'embarquement et des quais. Le génie maritime avait déjà construit des digues dans la haute Loire, au-dessus de Nantes.

Le résultat de cet endiguement fut, inévitablement, de diminuer la largeur du fleuve, d'augmenter la rapidité du courant et l'apport du sable dans la basse Loire. La navigation devint plus difficile entre Nantes et Paimbœuf. On eut alors recours aux bateaux dragueurs ; mais l'administration des Ponts-et-Chaussées, ne recevant du Gouvernement que des sommes insuffisantes, n'obtint, pour cette entreprise, que des résultats insignifiants. L'endiguement de la Loire, au-dessous de Nantes, fut proposé. Il consistait en jetées de pierres établies en cordons, presque partout parallèles au cours du fleuve ; elles furent prolongées jusqu'à la Martinière. Le chenal gagna en profondeur, mais il perdit en largeur. Les navires caboteurs, quand le vent était debout, ne pouvant plus louvoyer, étaient contraints d'attendre à Saint-Nazaire ou à Paimbœuf, ce qui leur faisait perdre un temps précieux pour la navigation, ou ils se faisaient remorquer, ce qui absorbait tous les bénéfices du voyage.

M. Blais remplace M. Daizac au bureau de l'enregistrement.

An 1840 Un nouveau cimetière, renfermé de murs, est construit au sud du bourg, dans un champ nommé le Clos-Grillé.

An 1841 M. Pinasseau succède à M. Blais, receveur de l'enregistrement.

An 1845 M. Rey est nommé receveur de l'enregistrement, en remplacement de M. Pinasseau.

M. René Veillechèze est nommé maire du Pellerin. An 1847

Les électeurs du canton du Pellerin nomment M. René Veillechèze conseiller de l'arrondissement de Paimbœuf. An 1848

La commune du Pellerin fait construire un pont sur le chemin de grande communication, n[e] 66, de Nantes à Chéméré. Ce viaduc est composé de sept arches de cinq mètres trente-trois centimètres de hauteur. Il s'appuie sur les communes du Pellerin et de Saint-Jean-de-Boizeau. Il a été achevé en 1850, d'après le plan et sous l'habile direction de M. Orieux, aujourd'hui agent-voyer en chef de la Loire-Inférieure.

La commune du Pellerin, avant 1789, possédait un chemin qui, du Verger, conduisait à la Martinière, en passant sur la terre du Bois-Tillac. M. Jean-Marie-Victor-Étienne Binet, seigneur de Jasson, échangea, vers 1789, ce chemin communal, et donna, en retour, le chemin dit des Côteaux, déborné au nord par la Loire. En 1850, le maire fit, comme de coutume, couper les branches des arbustes qui, trop élevés, gênaient ou empêchaient le halage. Pour la première fois, depuis soixante ans, M. Binet de Jasson éleva des prétentions sur ces produits, dont les pauvres profitaient, et les fit transporter au Bois-Tillac ; de là procès avec la commune ; le tribunal de Paimbœuf la débouta et la condamna aux dépens. An 1850

An 1851 M. Joubert est nommé juge de paix du canton du Pellerin, en remplacement de M. Lehure, admis à faire valoir ses droits à la retraite.

M. Desvaux remplace M. Guyot, au Pellerin, comme receveur de l'enregistrement.

An 1852 L'église paroissiale datait du XIe siècle. Roald, qui avait épousé Orhuande, dame du Pellerin, désignait ce monument chrétien sous le nom de *Sancta-Maria-de-Peregrino*. (Voir an 1040). Elevée avec le soin apporté par les anciens dans la construction de leurs édifices, elle eût résisté au temps si le vandalisme de 1793 ne l'avait incendiée. Le général Beysser, dans une lettre à Canclaux, son supérieur, tira vanité de cet acte de sauvagerie (Voyez année 1793).

A la fin de l'année 1851, elle menaçait ruine. Sa démolition fut jugée urgente. La Fabrique, ne pouvant supporter seule la dépense exigée pour la construction d'un nouveau temple, demanda et obtint le concours de la Commune. On réalisa, en peu de temps, la somme de vingt-deux mille francs qui, réunie à celle de huit mille francs donnée par l'Etat, permit de commencer les premiers travaux de construction.

L'architecture est de la fin du XIIIe siècle. M. Veillechèze (René), était maire du Pellerin ; M. Dubreil, curé. M. Dusouchay, architecte à Angers, en dressa le plan et en surveilla l'édification.

M. Camille Brillaud-Laujardière, maire de Cheix,

est nommé conseiller général par les électeurs du canton.

M. Roques se rend acquéreur de la propriété du Bois-Tillac qui appartenait, depuis 1775, à la famille Binet de Jasson. An 1852

Le Bois-Tillac, comme nous l'avons déjà dit, avait été, pendant des siècles, la maison seigneuriale du Pellerin.

M. Brillaud-Laujardière (Emile), receveur de l'enregistrement, est nommé au Pellerin, en remplacement de M. Desvaux. An 1854

On organise dans le département, sous la direction de M le baron de Girardot, secrétaire général de la préfecture, une médecine gratuite en faveur des pauvres. M. Veillechèze est désigné pour donner des soins aux indigents malades des communes du Pellerin, de Saint-Jean-de-Boiseau et de Cheix. An 1855

M. Homery remplace M. Joubert à la justice de paix. An 1857

Mlle Cœuret est nommée directrice des postes.

Le 3 janvier, un canot, conduit par deux enfants d'une douzaine d'années, heurta le môle du Pellerin et chavira. Une femme fut précipitée dans le fleuve et entraînée au large par un courant rapide. Le sieur Boucard (Pierre), aubergiste au bourg, se jeta dans l'eau, presque glacée, et ramena cette femme à terre, où des soins prolongés la rappelèrent à la vie. Boucard fut médaillé. An 1858

An 1859 Un jugement du tribunal de Paimbœuf, en date du 5 août, signé Ferdinand Loysel, président.. ... Considérant que, de l'examen d'actes de l'état civil et de divers documents produits, entre autres le *Dictionnaire des anciennes familles du Poitou*, par Beauchet-Filleau, il résulte que la famille de Veillechèze, originaire de Saint-Maixent (Deux-Sèvres), a toujours porté ce nom et que le nom de l'exposant qui s'y rattache, est bien De Veillechèze et non Veillechèze, comme il est inscrit dans les actes de l'état civil dont la rectification est demandée....

Déclare que la particule *de* fait bien partie intégrante de son nom patronymique :

Ordonne, en conséquence, que

1° L'acte de naissance de René de Veillechèze ;

2° L'acte de mariage dudit avec Victorine de Veillechèze, etc... seront rectifiés en ce sens que la particule *de* sera ajoutée devant le nom Veillechèze, etc.

An 1860 Dans l'année 1779, M. Binet, seigneur de Jasson, grand bailly d'épée au comté de Nantes, avait demandé au Roi, pour en jouir en toute propriété : 1° La lande la Ville-au-Vay ; 2° la pièce de la Noë-Fouacereau. — La demande avait été octroyée au requérant, à la condition que ces immeubles fussent réunis à son fief de Vigneux, entourés de fossés et cultivés, et de payer au contrôle les frais de cette donation.

Ces charges ne furent pas entièrement remplies par le seigneur de Jasson. La commune du Pellerin alors s'empara de ces biens, et les mit en ferme; attendu, disait-elle, que les lois abolitives de la féodalité l'en avaient rendue propriétaire. M. Binet de Jasson, fils du grand bailly d'épée, intenta un procès à la commune. Le tribunal civil de Paimbœuf le débouta de ses prétentions, et le condamna à tous les dépens.

M. de Jasson mourut quelques mois après la perte de son procès. M. de Cadoudal, son gendre, forma appel devant la Cour de Rennes qui, par son arrêt du 22 mai 1861, confirma le jugement de Paimbœuf.

M. Claude-Camille Brillaud-Laujardière est autorisé à s'appeler à l'avenir Brillaud de Laujardière, nom que sa famille avait porté avant 1789.

Un cantonnier, en approfondissant les fossés du chemin de grande communication, n° 66, de Nantes à Chéméré, trouva près de Viève (Pellerin), vingt-deux pièces d'argent, à l'effigie d'Henri II, et une à l'effigie d'Henri III. Elles furent déposées au Musée archéologique de la ville de Nantes. An 1862

Près le bourg de Rouans, au bout de la chaussée de Messan, sur le parcours du chemin de grande communication, n° 66, du Pellerin à Chéméré, un pont fut construit par le service vicinal. A une grande profondeur, on ne put trouver un terrain assez solide pour en asseoir les fondements. On pratiqua une large tranchée ; on y trouva trois fortes pièces de bois, enfoncées profondément, sur lesquelles on An 1863 jeta un mortier hydraulique ; puis on recouvrit le tout de pierres réunies entr'elles par le même ciment, et les travaux de maçonnerie furent ensuite facilement continués. La construction de ce pont fût confiée à M. Douglas, agent-voyer cantonal, et surveillée par M. Mainguy, aujourd'hui agent-voyer au Pellerin. — En exécutant ces travaux, dans un terrain tourbeux, sur un espace de quelques mètres, on trouva, à cinq mètres de pronfondeur : 1° environ cent cinquante couteaux à manche droit, à lame pointue, longue de vingt centimètres ; 2° une petite serpe, surmontée d'un fer arrondi et pointu, dont voici le dessin :

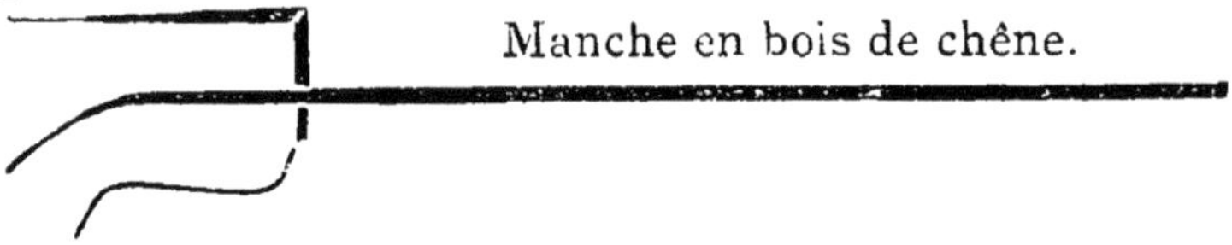

Manche en bois de chêne.

3° un pistolet de vingt-cinq centimètres de longueur, sans batterie et sans gâchette. C'était conséquemment un pistolet à mèche.

Ce pont, établi dans de semblables conditions, doit laisser à désirer sous le rapport de la solidité.

M. l'abbé Cottineau fut nommé curé du Pellerin, en remplacement du vénérable abbé Dubriel, empêché, par son grand âge, de remplir ses fonctions sacerdotales. A son arrivée au Pellerin, le nouveau curé trouva la nouvelle église construite entièrement jusqu'au clocher. La flèche seule restait à édifier. Il s'occupa alors des ornements intérieurs et le fit avec un goût parfait.

Dans l'arrondissement de Paimbœuf, l'agriculture ne faisait que de faibles et lents progrès. M. de Juigné, propriétaire de la terre du Bois-Rouaud, en la commune de Chéméré, eut l'heureuse idée de former un comice agricole composé des propriétaires des cantons de Bourgneuf et du Pellerin réunis. Le but de cette association était d'engager les laboureurs à apporter plus de soin dans la culture de la terre, dans l'élevage des bestiaux, dans le choix des engrais, etc. ; c'était de récompenser les plus laborieux et les plus intelligents. L'idée de M. de Juigné fut généralement bien accueillie, et de nombreux habitants des deux cantons s'empressèrent de se faire inscrire comme membres du comice. An 1865

M. de Juigné, du Bois-Rouaud, fut nommé président, et M. de Veillechèze, du Pellerin, vice-président de cette réunion.

L'association voulait encore atteindre un autre but. Considérant l'agriculture comme la première des industries, conséquemment comme la plus utile, puisqu'en effet c'est elle qui les alimente toutes, elle voyait avec peine les jeunes gens abandonner leur village pour aller habiter les grands centres de populations ouvrières, y contracter des habitudes de dépenses, y commettre des excès de toutes espèces, et y user leur santé. Elle comparait ces jeunes cosmopolites à leurs amis d'enfance qui, mieux inspirés, restent dans leurs foyers, se livrent aux travaux des champs, et acquièrent dans la famille le goût d'une sage économie. Elle pensait enfin, et non sans raison, que par les récompenses qui seraient accordées aux cultivateurs, au nom du comice, et par les bons conseils donnés par ses membres, on retiendrait dans les campagnes ceux qui par imitation étaient disposés à mener une vie aventureuse.

M. Jaffre remplace au Pellerin M. Bougault dans les fonctions de juge de paix.

M. Deyzac, ancien receveur de l'enregistrement au Pellerin, par son testament olographe, donne aux sept communes du canton, pour être également partagée, entre elles, la somme de deux cent vingt francs, dont le quotient est de 31 fr. 43 c. La commune du Pellerin est autorisée à accepter ce legs.

An 1866 M. Joseph-Marie Thomazi, par décret du 11 avril, est nommé juge de paix du canton du Pellerin, en remplacement de M. Edouard Jaffre.

M. Claude-Camille Brillaud de Laujardière, maire de Cheix et conseiller général, est nommé chevalier de l'ordre de la Légion d'honneur.

An 1867 M. de Veillechèze est nommé conseiller général en remplacement de M. Brillaud de Laujardière.

Un pont à trois arches est construit sur la petite rivière l'Acheneau, entre le village de Pilon, commune de Cheix, et la ferme de la Roussinière, commune de Port-Saint-Père. M. Orieux, alors inspecteur du service vicinal, et actuellement agent-voyez en chef du département, fut l'auteur du plan. — M. Pelet de Lautrec, propriétaire de la terre de Briord, se rendit adjudicataire des travaux.

Cette belle et solide construction rend viable, dans toute son étendue, le chemin de grande communication, n° 80, du Pellerin à Saint-Cyr, à l'exception d'une partie d'environ 1500 mètres, dans la commune de Port-Saint-Père, près des métairies de Chappe (*Voir année 1869*).

M. de Veillechèze, maire du Pellerin, depuis vingt-deux ans, conseiller général, est nommé chevalier de la Légion d'honneur. An 1868

Un décret du 6 juillet autorise le bureau de bienfaisance à accepter un legs de cinquante francs de rente annuelle et perpétuelle fait par mademoiselle Marie-Louise Brillaud de Laujardière, aux pauvres de la commune.

M. Blondel, fondé de pouvoirs de M. le trésorier-payeur de la Loire-Inférieure, est nommé percepteur-receveur-municipal de la réunion de perception du Pellerin, composée des communes du Pellerin, Saint-Jean-de-Boiseau, Port-Saint-Père, Rouans, Cheix et Vue, en remplacement de M. Hervieux, nommé en la même qualité à Vertou. An 1869

M. de Veillechèze est nommé membre du Conseil d'hygiène de l'arrondissement de Paimbœuf.

Le chemin de grande communication, n° 80, du Pellerin à Saint-Cyr, est entièrement terminé.

An 1870 Les travaux concernant l'église du Pellerin, tant à l'extérieur qu'à l'intérieur, sont achevés. On admire les vitraux coloriés et les boiseries sculptées du chœur, le grand et les petits autels, la chaire, etc.

M. Emile Perret, propriétaire, part avec une foule de braves jeunes gens pour repousser l'invasion allemande. Il fit partie des mobilisés de la Loire-Inférieure qui furent dirigés vers le Mans. Dans un des premiers combats, notre compatriote tomba, la jambe brisée par une balle prussienne. Prisonnier, il fut conduit dans un village peu éloigné, où l'amputation, jugée indispensable, fut pratiquée. — Nous avons vu, depuis, ce brave jeune homme décoré de la médaille militaire, parraissant marcher, sans trop de fatigue, à l'aide d'une jambe de bois.

Au 4 septembre M. de Veillechèze, maire depuis quatre-vingt ans, est illégalement destitué de ses fonctions.

Cette même année, M. le Dr E. Benoist et M. F. Hervé de Beaulieu ouvrent une souscription pour doter la commune d'une pompe à incendie. Les fonds nécessaires à cette acquisition sont rapidement couverts et le matériel aussitôt acheté.

M. Jean-Baptiste-Jules Bichon est nommé greffier de la justice de paix du Pellerin, en remplacement de M. Bichon, son père, démissionnaire.

A la fin du mois de septembre, un télégraphe

électrique met le Pellerin en communication avec Paimbœuf.

Le Pellerin qui, avant 1870, possédait trois foires, en obtient six nouvelles, total neuf. Elles ont lieu annuellement au bourg, savoir : le 21 janvier, le 5 mars, le 5 avril, le 1er jeudi de juin, le 18 juillet, le 16 août, le 25 septembre, le 5 novembre, et le 23 décembre.

Le 15 août, chaque année, une assemblée a lieu An 1873
au bourg. An 1878

M. R. de Veillechèze est renommé maire.

Après avoir rempli les fonctions de maire environ 30 ans, M. de Veillechèze meurt le 13 septem- An 1891
bre à l'âge de 75 ans.

Sous l'administration de M. Gustave Pichery
une halle couverte est construite près de la place
de la mairie. On encastra dans le mur du fond un
linteau de cheminée ancienne en pierre blanche,
style Renaissance, provenant d'une vieille maison
faisant l'angle de la grande rue et de la rue du An 1892
château.

Au mois de septembre, le canal maritime du An 1897
Carnet à la Martinière, est ouvert à la navigation.

Sur l'initiative de M. Aristide Bertreux, maire, le cimetière, devenu insuffisant, est agrandi sur ses côtés nord et sud et sa superficie doublée.

ANCIENNES TERRES ET JURIDICTIONS

DU PELLERIN

Bois-Tillac. Terre et Juridiction. 1513, Julien Bonfils ; 1618 René Bonfils, auditeur des comptes ; 1660, Françoise Bonfils, femme d'écuyer Pierre Blanchard du Houssay ; 1679. Marie Blanchard du Houssay, femme de Louis d'Aubigné, s^gr de la Rocheferrière, paroisse du Pin-en-Mauge (Anjou) ; 1688. Claude Le Borgne, avocat général à la chambre des comptes ; 1775. Jean-Marie-Victor Binet de Jasson ; 1820, Philippe Binetde Jasson. (*De Cornulier — Chevas — Jeffrédo*).

Cossonnière (la). Terre. 1808. Merlaud de la Clartière, maire du Pellerin ; nunc, par héritage, Adrien de Couffon de Kerdellech.

Foucaudrie (la) ou le Verger. 1614/1655. Pierre Blanchet, conseiller au présidial de Nantes ; 1682, Jean Blanchet, échevin de Nantes. 1745 ; Claude Blanchet de Fougères ; 1754. Louise Blanchet de Fougères, femme de Jean Brillaud du Noyer.

Ermitage (l'). Terre, 1622, vendue par Jean Lemeignan à Claude Le Borgne, avocat général à la chambre des comptes.

Noë-Guillac (la), 1427, Jean Guérin, 1453, Jean Bonfils.

Patouillère (la). Terre, Claude Lemeignan, puis en 1622, Claude Le Borgne, avocat général.

Vigneu. Terre et Juridiction. Jean des Rames, puis, en 1483, Marie des Rames, femme de Jean de Tréal : 1490, Guyon de Sévigné : 1540, Pierre Le Bouteiller : 1559, Claude le Bouteiller, femme de Christophe de Chevigné, s^gr^ de la Sicaudais ; 1576, Arthur de Chevigné : 1604, N. Le Borgne, s^r^ de la Chôletière, avocat général ; 1775, Binet de Jasson.

Vigneu possédait le droit de haute, moyenne et basse justices ; droit de four à ban dans le bourg à devoir de fouage et d'estroit bans et banières ; scels à contrats et actes au denier 6 sur les héritages vendus et achetés ; droit de quintaine à faire courir par terre et par eau. *(E. de Cornulier — Chevas)*.

COMMUNE

DE

SAINT-JEAN-DE-BOISEAU

CETTE commune, appelée autrefois Saint-Jean-de-Bourguenais, est baignée au nord par la Loire. Sa population est de 4,500 habitants. Sa superficie est de 1,505 hectares. Sa distance du Pellerin est de 2 kilomètres 200 mètres ; de Paimbœuf, de 30 kilomètres, et de Nantes, de 18 kilomètres.

Ses exportations consistent en vin blanc de médiocre qualité, en fourrage excellent provenant des îles de la Basse-Loire, en roseaux et surtout en nattes (appelées par les habitants courtines), dont la fabrication est une industrie toute locale.

Entre le bourg de Saint-Jean et celui du Pellerin, sur le chemin de grande communication, n° 66, on remarque l'antique chapelle de Bethléem, si bien décrite par le comte de Saint-Jean, dans un livre charmant intitulé : *Le Serment ou la Chapelle de Bethléem*.

Le château du Pé s'élève dans une position très pittoresque ; il n'offre rien qui puisse fixer l'attention. Celui de la Hubaudière, plus connu sous le non de château d'Aux, est construit sur un coteau dominant l'établissement national d'Indret. Sous le rapport historique il est tristement célèbre.

En 1793, les républicains occupèrent le château d'Aux, position stratégique importante. De là partaient journellement des détachements surveillant les lieux circonvoisins, et ramenant, trop souvent, hélas ! des malheureux dont les villages avaient été incendiés par le vandalisme révolutionnaire, et qui, forcément, erraient sans asile. Désignés comme suspects, ils étaient, presque tous, condamnés à la mort.

Au-dessous du mur du vaste jardin du château, existait un sentier étroit, limité au nord par un précipice rempli, à cette époque, des eaux de la Loire. Par un raffinement de barbarie, les prisonniers, attachés les uns aux autres, étaient placés sur le bord du sentier, où, du jardin, on les fusillait impitoyablement. Les victimes qui étaient atteintes, tombaient dans l'abîme, entraînant avec elles celles que le plomb avait épargnées, mais qui trouvaient dès lors une mort plus lente et conséquemment plus affreuse.

En 1786, M. de Brie-Serrant fit faire des études sérieuses pour exécuter un canal de Saint-Jean-de-Boizeau à Pornic, passant par Chemére, sur la lisière de la forêt de Princé, et près le Bois-Rouaud. Outre les richesses que ce canal eût apportées dans les paroisses qu'il aurait traversées, il eût empêché, sans nul doute, la forêt d'être un lieu de retraite pour les royalistes, et le tombeau d'un grand nombre d'individus.

On trouve plusieurs grands villages en Saint-Jean-de Boizeau : la Telindière, le Landas, la Noë des Rivières, Boizeau, la Briandière, le Frêne. La Montagne, de formation récente, est presque exclusivement habitée par les ouvriers de l'établissement d'Indret.

Un poste de gendarmerie, commandé par un maréchal-des-logis, est établi en cette commune.

ANCIENNES TERRES ET JURIDICTIONS

EN SAINT-JEAN

Bastardière (La). 1554. Georges Bastard ; 1717. René Martel.

Cruaudière (La). Jeanne, dame de Vieillevigne ; 1678. David de la Thévinière, nunc, de la Ville-le-Roux.

Hubaudière, puis Chateau d'Aux. 1678, Pierre de Peillac ; 1736, Nicolas-Jacques de Peillac, président en la chambre des comptes ; 1764, François d'Aux qui y bâtit un grand château et lui donna son nom ; 1801, Pauline d'Aux de Bournay, femme de N. Perrée de la Villestreux ; 1816, de Linier ; 1832. de Mauclerc.

Launay. 1679. Claude le Borgne, sieur du Vigneu ; 1775. François-Bertrand de Crœuvres.

Pajotière (La) anoblie en 1638 en faveur de Jeanne de Machecoul, dame de Vieillevigne.

Pé (Le). 1360. Alain Bourigan du Pé ; 1443, Philippe Bourigan ; 1484. Gilles du Pé ; 1519, Jacques du Pé, pannetier de la reine ; 1598, vendu par Claude du Pé à Antoine de la Place, secrétaire du duc de Mercœur ; 1620, N. de la Place, femme de N. Mouraud, sieur du Dérou ; 1679, Jean de Martel ; 1840, N. de Martel, nunc de Monti.

(E. de Cornulier)

CHEIX

Cheix portait au quinzième siècle, le nom de *Chazy*. Elle est la plus petite commune de notre département, car elle n'a en superficie que 830 hectares ; sa population est de 400 habitants. Elle est baignée au sud par la rivière l'Acheneau. Sur un terrain appelé Malnoë, s'élevait jadis un château qui, sans aucun doute, fut occupé par les soldats du vainqueur des Gaules. Ce château était construit sur le bord de la rivière. En 1832, M. Aristide de Grandville, président de la Société de dessèchement du canal de Buzay, fit disparaître les hauts fonds vaseux qui s'étaient formés au pied du château de Malnoë ; ils étaient un obstacle à la navigation. Les ouvriers trouvèrent à deux mètres de profondeur, une épée, longue de 45 centimètres, dont le pommeau représentait la tête de Jules-César ; environ six cents médailles en bronze, parfaitement conservées. Elles étaient, en grande partie, à l'effigie de César, de Néron, de Claude, de Britannicus. L'une d'elles, que j'ai en ma possession, représentait Titus. Sur le revers, on voyait une femme juive, assise sur un banc, au pied d'un palmier, et dans l'attitude de la douleur. Au bas on lisait :

Judæa Capta,

C'était bien une médaille frappée à l'occasion de la prise de Jérusalem par le fils de Vespasien. Elle est peu commune.

Cheix, selon la tradition, fut la résidence de saint Martin de Tours, qui envoya ses disciples fonder Rouans, Chauvé et Arthon.

Ses principaux villages sont : La Tancherie et Pilon.

Dans la commune de Cheix se trouve la terre du Boiscorbeau qui appartint de 1482 à 1542, à René de Kersy. En 1679, à Julien de Richardeau. En 1719, à Guyonne François, femme de Charles Guchet. En 1774, à Charles-Victor Leflô de Trémelo, époux de Louise Blanchet de Fougères, veuve en premier mariage de Jean Brillaud du Noyer, nunc Camille Brillaud de Laujardière. (*E. de Cornulier*)

Malnoë }
Jasson } Voir ces terres à Port-Saint-Père.

PORT-SAINT-PÈRE

Le bourg du Port-Saint-Père est à 9 kilomètres du Pellerin, à 30 de Paimbœuf, et à 20 de Nantes. Sa superficie est de 3,255 hectares. Le chiffre de sa population est de 1,900 habitants. Il est traversé par la rivière l'Acheneau, et un pont à péage, construit en 1828, met les deux rives en communication. Une route nationale passe sur son territoire et conduit dans la Vendée par Machecoul. Une autre route part à 700 mètres du bourg, près la maison du Pré-Nouveau, et va à Pornic. Enfin, un chemin de moyenne communication, terminé en 1870, conduit du bourg du Port-Saint-Père au bourg de Rouans, en passant sur la belle propriété de Briord.

La terre de Briord possède une chapelle qui a été restaurée, il y a quelques années, par les soins de M le comte Pelet de Lautrec, son propriétaire. Le château est entouré de douves profondes. Une grosse tour a été ajoutée à la façade nord de l'ancien manoir féodal. L'entrée de la vaste cour est au sud. Le pont qui y donne accès est fermé par une grille.

Les châteaux de Grandville et de la Rivière sont de construction moderne.

C'est au Port-Saint-Père qu'est décédé, en 1853, M. Aristide de Grandville, ancien maire de cette commune, ancien conseiller général de la Loire-Inférieure, ancien député. Homme de beaucoup d'esprit, d'un jugement profond, il aimait à obliger. Les personnes qui l'ont connu ne parlent de M. de Grandville qu'avec vénération.

Le bourg est peu éloigné du lac de Grand-Lieu, dont l'origine n'est pas connue. A la place que ce lac occupe, dit une légende, s'élevait vers le VIe siècle, une citée nommée *Herbauges* ou *Herbadilla*. Ses habitants étaient livrés aux vices les plus honteux. Elle fut frappée d'anathème, et aussitôt elle disparut sous les eaux.

Le lac de Grand-Lieu est de 3e classe. Sa superficie est de 3,600 hectares.

LÉGENDE (1)

« L'évêque Saint Félix envoya le glorieux saint Martin de
» Vertou prescher aux habitants de la cité d'Herbauges
» encore payens, lesquels ayant maltraité ce saint, en puni-
» tion de ce péché leur ville fondit en abisme où, de présent
» est un lac nommé Grand-Lieu, à trois heures de Nantes.

» Dans la cité d'Herbauges, on voyait des statues en or,
» en bronze et en marbre, de Jupiter, de Mars et de Vénus. »

(1) *Les Légendes Bretonnes*, par le comte de Saint-Jean.

ANCIENNES TERRES ET SEIGNEURIES

EN PORT-SAINT-PÈRE

BEAULIEU. Terre et Seigneurie, H. J., 1458, Jean de Trévécar ; 1470, Françoise de Trévécar, femme de Jacques de Guémadeuc ; 1565, Pierre de Cornulier ; 1577, Thomas de Guémadeuc qui la vendit, en 1579, à Michel Le Lou ; 1660 vendue par les enfans Le Lou à Michel d'Espinose ; 1780, F^ix^ V^or^ Locquet de Granville.

BIZEUL. Terre, 1389 à Pierre du Chastellier.

BONHOMMERIE (LA). 1622, à Charles Robert.

BOUVET (LE). Terre et Juridiction H. J., 1429, Martin de Rezay ; 1543, Bernardin d'Espinose, 1679, Michel d'Espinose ; 1775, de Rosmadec ; 1786, F^ix^ V^or^ Locquet de Granville.

BRANDAY (LE). 1429, Martin de Rezay ; 1679, Jean Bourdin.

BRÈMERIE (LA). 1429, Jean de Saint Gilles ; 1542, Michel de Neuville (DE CORNULIER, *Terres de l'ancien comté nantais*).

BRIORD. Châtellenie, H. J. Séris de Rezay, vidame de Rezay et du Pallet, possédait dès 1225 la seigneurie de Briord. L'un de ses successeurs fut, en 1341, Sévestre de Rezay qui rendit aveu au sgr des Huguetières pour partie de sa terre de Briord, en 1390. Puis vinrent Aimery de Rezay, sgr de Briord en 1412 et Martin de Rezay qui obtint en 1437, l'érection de Briord en haute justice avec gibet à 3 poteaux (*Arch. de la Loire-Inférieure, E 352-353*). Mais, ce Martin de Rezay vendit, vers 1444, la seigneurie de Briord à Jean Labbé, sgr de la Rochefordière, chambellan du duc François Ier. A la prière de Jean Labbé, ce prince donna de nouvelles lettres patentes, le 20 juillet 1445, confirmant l'érection en haute justice de la terre de Briord en ce qui relève de la seigneurie de Loyau, membre du domaine ducal.

Une vingtaine d'années plus tard, Briord appartenait à Jeanne Maufras, peut-être veuve de Jean Labbé. Cette dame, en mourant au mois de février 1468, légua sa seigneurie au célèbre trésorier de Bretagne, Pierre Landais qui en fournit le minu au duc en 1478.

Après la mort tragique de Landais, sa veuve Jeanne de Moussy, conserva la jouissance de Briord qui passa après elle à sa fille Françoise Landais femme d'Arthur Lespervier. De ce dernier mariage sortit François Lespervier, sgr de Briord, mari d'Anne Gouyon de Matignon. Celui-ci, devenu veuf, revêtit l'habit de saint Dominique. Sa fille, Bonaventure Lespervier, épousa François de la Noüe, sgr dudit lieu, décédé avant 1537. Cette dame, mère de l'illustre La Noüe bras-de-fer (*Généa-*

logie de la Noüe) rendit aveu pour Briord en 1553 ; mais, elle ne conserva pas cette châtellenie qu'elle vendit à Jean des Rouxières qui s'empressa d'en faire hommage au roi en 1567. (*Archives départementales E, 352 et 353*). Ce Jean des Rouxières, sieur de l'Aubinière, s'unit à Bonaventure Loucr décédée vers 1575. Il maria sa fille Suzanne des Rouxières en 1583 avec Samuel de Lespinay, fils du seigneur du Chaffault, et lui donna en dot la terre seigneuriale de Briord Les deux époux en rendirent aveu en 1598 et en firent hommage au roi l'année suivante.

Le fils des précédents, autre Samuel de Lespinay, chevalier de l'ordre du roi et seigneur de Briord contracta deux alliances. Il épousa, en 1625. Antoinette Joussaume, fille du sgr du Courboureau, puis, en 1646, Françoise de la Touche, fille du sgr de la Chalonnière. Celle-ci devint veuve de lui en 1657 et se remaria avec Louis Renaud, sgr de la Barre-Saint-Juisac. (*Archives départementales E. 352 et 826*).

Charles de Lespinay, fils unique de Samuel et de sa 1re femme, lui succéda comme sgr de Briord et s'unit en 1658 à Anne Gefflot, fille du sgr des Alleux. La même année, il fit hommage au roi pour ses seigneuries de Briord et du Chaffault. Il était mort en 1673 époque à laquelle sa veuve Anne Gefflot fit hommage à son tour.

Joseph de Lespinay issu en 1665 du précédent

mariage et sgr de Briord. épousa Jeanne Milsent, fille du doyen des conseillers au Présidial de Nantes. Il en eût une fille Françoise de Lespinay qui s'unit vers 1725 à Jean Charette. sgr de la Botinière. En faveur de ceux-ci. Joseph de Lespinay se démit de sa terre seigneuriale de Briord. ce qui ne l'empêcha pas d'être enfermé par lettre de cachet au château Trompette à Bordeaux.

Jean Charette, sgr de Briord, mourut le 19 février 1754. Sa veuve Françoise de Lespinay lui survécut jusqu'au 12 janvier 1773. Leur fils Joseph Charette, sgr de Briord, après eux, s'était marié dès 1747 avec Michelle Portier de Lantino. fille d'un négociant nantais ; mais elle mourut en 1751. Joseph Charette rendit, en 1789. un dernier aveu de sa châtellenie de Briord. Il vivait toutefois encore en 1792.

La châtellenie de Briord relevait en partie de celle des Huguetières à devoir de 12 deniers de rente annuelle et en partie de la vicomté de Loyau. membre du domaine ducal, puis royal.

En 1572, la haute justice de Briord s'étendait déjà en 9 paroisses : Port-Saint-Père, Sainte-Pazanne, Saint-Mars-de-Coutais, Cheix, Vüe, Rouans, le Pellerin. Saint-Léger et Bouaye. (*Archives départementales*, *Port-Saint-Père*). Plus tard. elle embrassa une partie de Saint-Hilaire de Chaléons par suite de l'adjonction de la seigneurie de Chappes.

En 1783, en effet, la châtellenie de Briord se composait de trois seigneuries ayant à l'origine chacune sa haute justice : Briord, les Huguetières en Port-Saint-Père, et Chappes en Saint-Hilaire de Chaléon. Ces deux dernières avaient été vendues à Joseph Charette par le baron de Retz en 1782. Trois autres fiefs en Port-Saint-Père : le Plessix-Grimaud, la Bonhommerie et Carné se trouvaient aussi annexés à Briord ; mais, ce n'étaient que de moyennes justices. Le seigneur de Briord jouissait des prééminences de l'église du Port-Saint-Père où il avait ses armoiries, son banc, son enfeu dans le chanceau du côté de l'Evangile.

La haute justice de Briord s'exerçait tous les 15 jours au bourg du Port-Saint-Père et, près de son auditoire, apparaissaient les ceps et colliers pour punir les malfaiteurs. Plus loin, dans la campagne, s'élevaient des fourches patibulaires à 3 piliers. Au sire de Briord appartenait le privilège d'avoir trois sergents francs, l'un à Port-Saint-Père, l'autre à Sainte-Pazanne et le troisième à Brains. (*Déclaration de Briord en 1678 et 1783*).

Le manoir de Briord, rebâti peu d'années avant la Révolution par Joseph Charette, était « cernoyé de douves et fossez », accompagné d'une chapelle et d'un colombier et protégé par un bois de décoration. Cinq grandes avenues d'arbres rayonnaient autour. Le domaine se composait, en outre, des cinq métairies de la Bojetterie, de la Doucetterie, de la Pallière, de la Berthelotière et de la Moinerie, des trois étangs de la Porte, du Milieu et des Landes avec leurs moulins; de pêcheries sur l'Acheneau depuis Briord jusqu'au lac de Grand-Lieu, etc. (*Déclaration de Briord en 1678 et 1783.— Extrait des Grandes Seigneuries de Bretagne* par l'abbé Guillotin de Corson. *Bulletin de la Société Archéologique de Nantes, 1895*).

BROSSE (LA). Terre, 1429 à N. Blanchard de la Blanchardaye. Buzay, terre, 1503, à Jean Boyer.

CHAPPES. Terre et juridiction. Jadis au sieur Hilaire de Chalcons, bien qu'enclavé en Port-Saint-Père. 1546, vendu par Pierre Heaume à Christophe de Sesmaisons qui la revendit la même année à Claude de Cheverue. 1570, à Anne Hervé, femme de Louis Tourtereau, sieur de la Tourtelière. 1679, à Elisabeth Couperie. En 1785, membre de la châtellenie de Briord. En 1830, le tennement dit le *Quart de Chappes* fut annexé au Port-Saint-Père.

DURAMDIÈRE (LA). 1429-1536 à Jean Guérin et ses enfants; 1520, à Me Pierre Blanchet.

GALIOTIÈRE (LA), terre, 1400, Jean Mesleust; 1560, Guillaume Laurens, conseiller au Parlement de Bretagne.

GENESTOU, juridiction H. J. 1625, Yves Fyot, sieur de la Rivière.

GRAVELON, terre, 1542, Jean Hamon, sieur de Bouvet. Réuni à la terre de la Lande et à la métairie des Forges pour former la nouvelle terre de Bouvet.

Hugetières (Les), dites aussi Châteaubriant et Pont-Saint-Martin. Châtellenie en Fresnay, Saint-Même, Pont Saint-Martin, Saint-Philibert, Port Saint-Père, etc., 1180, Eustachie de Retz, femme d'André de Vitrée : 1280, Eustachie de Vitré, mère d'Olivier de Machecoul ; 1284, Isabeau de Machecoul, femme de Geoffroy de Châteaubriant ; 1383, Ch. de Dinan, baron de Châteaubriant ; 1392, Isabelle d'Avaugour, vicomtesse de Thouars ; 1450, Françoise de Dinan, femme de Guy de Montfort, sieur de Laval ; 1541, Jean de Laval ; 1543, Guy de Scépaux ; 1560, Jeanne de Scépaux, femme d'Henri de Gondy, duc de Retz et depuis lors membre du duché de Retz. Bertrand de Dinan, maréchal de France et de Bretagne, portait habituellement le nom de cette terre.

Jasson. Châtellenie en Port Saint-Père, Brains, Cheix, le Pellerin, Rouans et Saint-Jean, 1300, Macée de la Haye, femme de Guillaume de Rougé : 1339, Marguerite de Rougé, femme d'Olivier Tournemine : 1404-1414, Jean Tournemine ; 1477, François Tournemine ; 1540-1560, René Tournemine ; 1590, Jean Morin, président à la chambre des comptes ; 1602, vendu par André Morin à Philippe Biré : 1677, vendu par Ch. de Corrigan à Louis Binet de la Blottière ; 1686-1708, Jean-Baptiste de-Cornulier ; 1710, Jean-Marie-Victor

Binet ; 1774-1783, Binet de Jasson ; 1851- , Philippe Binet de Jasson ; nunc Joséphine Binet de Jasson, femme de Georges de Cadoudal. Cette châtellenie paraît avoir été unie depuis des temps reculés à celle de Malnoë, c'est pourquoi on la nomme Jasson et Malnoë. Un démembrement ancien de cette châtellenie, sis en la paroisse de Saint-Aignan, portant le même nom, resta aux Biré et appartenait, en 1678, à Thomas Biré.

Lande (La), terre, 1429 à Jean de Beaumanoir; 1452, Jean Hamon, sieur de Bouvet qui la réunit à d'autres terres pour former celle de Bouvet; 1679, Michel d'Espinose.

Locerme ou Lozarne, 1429, au s[r] de Thouars, membre de la seigneurie de la Tour.

Plessis-Grimaud (Le), 1451-1478, Pierre Landais, sieur de Briord ; 1503, Gilles du Pé; 1508, vendu par François Grimaud à François Goheau, sieur du Prénouveau ; 1627, Samuel de Lespinay ; 1679, Jean Durand.

Pré-nouveau (Le) 1429, Jacques Barrini; 1475, Jean Tondu; 1503-1517, Françoise Tondu, femme de François Goheau ; 1560, Bonaventure Louer, femme de Jean de Rouxières, sieur de Briord; 1585, Suzanne, sa fille, femme de Samuel de Lespinay; 1669, Charles de Lespinay; 1678, vendu par le marquis d'Espinose, à Félix-Victor Locquet, de Granville.

Rivière Beaumanoir (La). Terre et seigneurie,

H.-J., 1429, Jean de Saint-Gilles; 1450, André Gucheneuc; 1461-1475, Guillaumette Mesleard, femme de Guillaume de la Lohérie; 1501, François de la Lohérie; 1526, Etienne de la Lohérie; 1571, vendue par Pierre de la Lohérie à Nicolas Fyot; 1617-1625, Yves Fyot, général des finances; 1678, Marie Fyot, femme de François de Castellan, sieur de la Giraudais; 1690, Bonaventure de Castellan; 1736, Louis de Monti; 1781, Marie-Claude de Montinunc. Locquet de Granville. (*E. de Cornulier*).

Roussinière (La). Terre, 1498, Jean Blanchet, procureur-syndic de la ville de Nantes; 1520, Pierre Blanchet; 1614, Pierre Blanchet de Fougères, conseiller au présidial de Nantes; 1753, Louise Blanchet de Fougères, femme de Jean-Baptiste Brillaud du Noyer; 1789-1830, Constantin Brillaud-Laujardière son fils; 1851-1868, Louise Brillaud de Laujardière; 1874, Camille Brillaud de Laujardière; nunc. Adèle Brillaud de Laujardière, femme du docteur Ferdinand Blanchet. (*Titres de famille*).

Tartifume. 1542, à la dame de Boisrouaud. Henri de Parizy; 1679, Régnaud d'Espinose, conseiller au parlement de Bretagne.

Tellerie (La). Terre, 1668 à Pierre Taillard et, après lui, à François et Perrine ses enfants; 1757, Pierre Taillard, sieur de la Tellerie et à sa cousine Marie Enault, fille de Perrine Taillard et femme de

Jean-Baptiste Prud'homme de la Papinière. maître des eaux. bois et forêts de l'ancien comté nantais ; 1774-1802, en partie à Françoise Taillard, femme de Nicolas Pellard. capitaine au long cours : 1802-1846, à Jeanne-Elisabeth Pellard. femme de Marie-René de Veillechèze ; 1846-1878, René de Veillechèze ; nunc, Victorine de Veillechèze, femme du docteur Etienne Benoist. (*Titres de famille*).

Tour (La). Terre et seigneurie, H. J., 1429 Jean d'Elbiest, sieur de la Motte de Thouaré; 1495, François d'Elbiest ; 1506, Marguerite d'Elbiest, femme de Jean de Saint-Amadour: 1530. Gillette de Saint-Amadour, femme de Louis Herbert, puis à Anne Blanchet, femme d'Alexandre Tempéran ; 1567-1638, Jean Gazet, conseiller au Parlement; 1679, Michel d'Espinose, fils de Jeanne Gazet ; 1775. Michel de Rosmadec; 1776, vendu par le marquis d'Espinose à Félix-Victor Locquet de Granville.

(*E. de Cornulier*).

ROUANS

Il y a des siècles, cette commune s'appelait *Rondole*. Elle aurait pu être divisée, comme la Vendée, en marais et en bocage. Le marais aurait été naturellement composé de vastes et fertiles prairies de Buzay et de celles qui sont fécondées par les eaux de la Blanche et de l'Acheneau Le bocage aurait compris le reste de la commune, couvert de grands bois, de taillis nombreux, et de haies touffues séparant les champs.

Le bourg est éloigné de 8 kilomètres 700 mètres du Pellerin, de 19 kilomètres de Paimbœuf, et de 31 kilomètres de Nantes. La superficie de la commune est de 3.770 hectares. Le nombre des habitants atteint le chiffre de 2.160.

L'abbaye de Buzay s'élevait sur son territoire. Elle était placée sur le bord des prairies, et possédait des revenus considérables. En 1793, en pleine Terreur, le vandalisme républicain la détruisit entièrement, à l'exception de la tour qui, aujourd'hui encore, domine sur ses ruines.

L'abbaye de Buzay fut fondée en 1135 par la duchesse douairière Hermangarde. Saint Bernard vint à Nantes pour en accepter la donation. Il y établit un prieur et quelques religieux. (*Meuret, Annales de Nantes*).

Parmi les travaux remarquables exécutés par les moines de l'abbaye, on cite le canal et la levée de Buzay. Le canal fait communiquer avec la Loire la petite rivière l'Achenau et le lac de Grand-Lieu. La levée, longue de plusieurs kilomètres, préserve des inondations du fleuve les prés qui, jadis, étaient la propriété du couvent.

La chapelle de l'abbaye possédait un grand autel, chef-d'œuvre de sculpture. Tout en marbre de Grèce et d'Italie, il a, dit-on, été construit, en 1540, par un artiste florentin. L'ensemble du monument se compose de huit pièces principales qu'on peut monter et démonter. Dans la pièce du milieu est pratiqué un tabernacle qui jadis était invisible, formé par une tête d'ange que faisait tourner un ressort poussé d'une certaine façon. Il coûta, dit la chronique, quarante mille livres, somme considérable pour cette époque.

Cet autel a plus de 3 mètres de long, sur 2 mètres 66 centimètres de haut, en comptant le tabernacle et son couronnement. Il présente trois parties distinctes également magnifiques : l'autel proprement dit, avec sa grande table, les deux côtés qui forment deux petits autels, au-dessus et en arrière du grand : enfin, le tabernacle et ses dépendances, élevés au centre et dominant le tout de 4 pieds.

L'autel principal est de forme arrondie, rétréci du bas et renflé du haut à la manière des vases étrusques. Il porte, au milieu, une rosace avec deux têtes d'anges en marbre blanc, et une autre tête d'ange à chaque extrémité. Le tabernacle, avec son sommet, surpasse tout le reste.

Il est en marbre blanc, incrusté de pièces de diverses couleurs et orné de quatre figurines d'anges. Une grâce à la fois enfantine et céleste distingue ces différentes têtes d'anges, et le fini n'en est pas moins merveilleux que l'expression.

Quant aux tablettes de marbre qui garnissent le devant de l'autel et les côtés, ainsi que les encadrements du tabernacle, c'est là qu'est le secret du sculpteur florentin. Ce sont des mosaïques composées, non pas de parcelles, mais de molécules du marbre le plus varié et le plus rare. Les meilleurs artistes et les ouvriers les plus sûrs d'eux-mêmes n'ont jamais osé mettre le ciseau dans cet admirable travail, désespérant de rétablir ce qu'ils auraient détruit, et de découvrir jamais le procédé jusqu'à ce jour incompréhensible d'après lequel ont été exécutées ces véritables miniatures de pierre.

L'église de Paimbœuf possède cet autel doublement précieux, car la ville a refusé, dit-on, à plusieurs évêques de Nantes, de l'échanger contre l'autel de la cathédrale de Saint-Pierre, et d'énormes sommes d'argent.

Les cloches de Buzay ont été transportées, après la Révolution, dans la cathédrale de Chartres (1).

(1) Pitre Chevalier.
Lors de la dispersion des moines bernardins de l'abbaye de Buzay

La rivière qui, du lac de Grand-Lieu, coule jusqu'à Messan, s'appelle l'*Acheneau ;* de Messan à la Loire, elle prend le nom de *Canal de Buzay*.

On voit, à Messan, une écluse à deux portes destinées à retenir les eaux apportées par la Loire. Au village de Buzay, on trouve une autre écluse avec deux paires de portes de flot, établies pour préserver les marais des inondations.

On dit que ce sont les moines qui ont fondé la foire qui se tient annuellement à Launay (près de Buzay), le 23 novembre. Elle est connue dans le pays sous le nom de *foire à la pie*. Ce nom lui vient du costume blanc et noir que portaient les moines, et qui était semblable au plumage de cet oiseau.

— Avril 1257. — Charte de E. (1), abbé du couvent de Buzay, contenant cession à Girard Chabot et à sa femme Eustachie, dame de Rays, de la moitié que l'abbaye possédait dans les moulins à eau de l'île de Bouin, en échange de laquelle moitié les religieux touchaient 50 sols de rente, dont 49 sols 6 deniers sur les prés de la paroisse de Couëron, et 6 deniers sur les moulins de Pornic.

l'un d'eux, M Labbe, Paul, assermenté, fut élu le 12 juin 1791, à Paimbœuf, curé de Cheix (*Arch. départ.*, *3 août 1791, f° 91*) abdiqua la prêtrise (*Cons. du départ 27 brumaire. an II f° 126*). Un certificat du 16 germinal an IX porte qu'il a prêté tous les serments et qu'il demeure au Pellerin. Il y vécut, dans la retraite et y mourut vers 1825 Il était né en 1755. (*A. Lallié*).

(1) Dom Morice, au T. 2 de son *Histoire de Bretagne*, indique pour abbé de Buzay, de 1246 à 1262, un nommé Gilles, en latin *Egidius*, qui est sans doute celui dont il est question.

TERRES ET JURIDICTIONS
EN ROUANS

Basse-Ville. Juridiction. M.-J. 1679, sieur de la Basse-Ville.

Buzay, à l'abbaye.

Coislin, à l'abbaye.

Fruitière (La), à René François.

Garrenne (La). Primitivement la Grimblétière, 1679, à Philippe François.

Hunaudais (La). Juridiction. Membre du duché, pairie de Retz

Langle-Terre. 1237 à David de Langle, 1402, Guillaume de Saint-Aignan.

Sicaudais (La). Juridiction. Membre du duché de Retz.

Vignaudais (La). Terre, 1679 à René-François; 1780, à Louër de la Caffinière; nunc. de Mauduit.

(*E. de Cornulier*).

SAINTE-PAZANNE

Rien d'intéressant à dire sur cette commune, si ce n'est qu'elle est fertile et bien cultivée.

Le bourg est traversé par une route qui conduit à Bourneuf et à Pornic. La route départementale de Nantes à Machecoul passe au lieu dit Tournebride à 1.500 mètres du bourg.

Dans une couple d'années, Sainte-Pazanne aura son chemin de fer.

La population de cette commune est de 2,180 habitants occupant une superficie de 4,156 hectares, 50 ares.

Les foires qui s'y tiennent sont fréquentées.

Les anciennes maisons seigneuriales sont Ardennes et le Moulin Henriet.

Le château d'Ardennes appartient à Mme veuve de la Brosse, dont la tendresse maternelle, en 1870, a été des plus douloureusement éprouvée. Quatre de ses fils l'abandonnèrent pour s'élancer au devant des armées allemandes et repousser l'invasion.

Auguste-Victor, ancien zouave pontifical, s'engagea dans un bataillon des volontaires de l'ouest.

Envoyé avec sa compagnie dans la forêt d'Orléans, il tomba frappé au cœur d'une balle prussienne et mourut à Cercotte.

Hyppolyte-Victor-Marie partit, dès le début de la guerre, dans le corps des volontaires de l'ouest. sous les ordres de l'intrépide de Charette. Il fut, lui aussi, mortellement atteint à cette héroïque charge de Loigny, où la valeureuse phalange, dont il faisait partie, perdit plus de deux tiers de son effectif.

Jules vola, comme ses frères, à la défense de son pays, et fit partie, comme eux des volontaires de l'ouest. Mais bientôt ses forces le trahirent, et ne furent plus à la hauteur de son courage. A la fin de novembre 1870, la maladie le contraignit à revenir demander à sa mère et à sa famille des soins que la fatigue et les privations avaient rendus indispensables.

Alfred, sous-lieutenant dans la garde mobile. compta parmi les meilleurs. Toujours prêt au service, cherchant toutes les occasions d'être utile, et, avec son bataillon, se battant partout où il rencontrait les Prussiens, il fut, sur la demande de ses chefs et à la grande satisfaction de ses camarades, décoré de la Légion d'honneur.

Le château du Moulin Henriet est la propriété de M. de Charette.

ANCIENNES TERRES ET JURIDICTIONS
DE SAINTE-PAZANNE

Ardennes. Seigneurie. H. J. — 1404, Alain du Croisil; 1473, Jean du Croisil; 1539, Jacques du Croisil; 1549, Jean Foucher; 1600, Raoul Charette; 1666, vendu par Jean du Han, sgr du Poulnic, à Jacques Barrin, marquis de la Galissonnière; 1717, Renée Bidé, femme de Paul de la Brunelière, sgr de Gesté; 1746, Charles Chancerel, secrétaire du roi en la grande chancellerie: nunc, C. de la Brosse.

Béluterie (la). 1622, vendue par Jacques Pinégu à Renée Gabard, veuve de Pierre Ménardeau.

Bignon (le). 1679 à Pierre Labbé.

Brandaisière (la). 1653 Jeanne Adam femme de Jean de La Roche-Saint-André; 1688, à Jean de la Roche-Saint-André.

Brétauderie (la). 1484, Thomas Loërat.

Hunaudais (la). Juridiction. 1571, Pierre Ménardeau, auditeur en la chambre des comptes.

Langle. 1412/1447, à Perrot Gouy; 1476/1493. Robert Gouy, seigneur du Branday; 1504/1541, Gilles Gouy, chevalier; 1606, Olivier Robert, seigneur du Moulin Henriet; 1628, Charles Robert; 1768/1784, Charlotte de Ruais, héritière d'Anne Robert et femme de Gabriel-Louis Charette de Boisfoucaud.

Moulin-Henriet (le). Terre et seigneurie, H. J. 1542, Jacques Robert ; 1606, Olivier Robert. écuyer ; 1679/1699. Jean Robert ; 1668/1789, Charlotte de Ruais. héritière d'Anne Robert et femme de Gabriel-Louis Charette de Boisfoucaud.

Prévoté (la). Terre. 1447, à Pierre Duracier.

Rambergères (les). Terre. 1690, Bonaventure de Castellan ; 1766. vendues par Jacques le Ray. grand maître des eaux, bois et forêts de Blois à écuyer Joseph-Pierre-Hervé de la Bauche, secrétaire du roi.

(E. de Cornulier. *Dictionnaire des terres de l'ancien comté Nantais*).

ANCIENNES TERRES ET JURIDICTIONS

EN VÜE

Blanchardais ou Blanchardaye (la). Seigneurie, haute justice. 1434. Jean Blanchard de la Blanchardais : 1460, Girard Blanchard ; 1515/1549. François Blanchard ; 1560, Charles Blanchard ; 1579, François de la Fesle : 1590. Jean de Lantivy, seigneur de Kermainguy ; 1596, Albert de Roussel, seigneur de la Pardieu ; 1679, Louis du Plessier. seigneur de Genonville.

Genonville. Terre. 1640, Louis du Plessier.

(*E. de Cornulier*).

ANCIENNES TERRES ET JURIDICTIONS

EN BRAINS

Guerche (la). Terre. 1429. Pierre de la Guerche; 1501, Marie de la Guerche. dame du Pesle, femme de Jean Louër. Cette terre fut démembrée au XVIe siècle; 1830. Allotte de la Füye.

Pesle (le). Terre. 1429-1437. Pierre de la Guerche; 1442-1454, Jean de la Guerche; 1499. Marie de la Guerche. femme de Jean Louër. seigneur de la Louërie, qui la vendirent à Jean du Coing; 1554, Catherine Vivien, femme d'Hervé Lyrot. conseiller au Parlement et alloué de Nantes: 1634, Bonaventure Bernard, femme de Renaud, de Sévigné: 1650. Jeanne Charette. femme de Gilbert Chenu, seigneur du Bas-Plessis: 1655, Pierre de Cornulier; 1752. N. de Cornulier: 1784. N. de la Rochefoucauld. Le Pesle était, dans l'origine, une juveignerie de Briord.

Lorière. Terre. 1640. Louis du Plessier, seigneur de Genonville, afféagea du roi un terrain vague nommé Papolin et en forma la terre de Lorière; 1645, Françoise du Plessier femme de Pierre de Cornulier; 1792, de Cornulier.

Moricière (La). Juridiction; 1429, Thébaud de Saffré; 1552/1560, Guillaume Laurens, conseiller au Parlement; 1596, Roland du Bot, conseiller au Parlement; 1657/1792, de Cornulier.

Patissière (La), Terre, Isabelle Giraud ; 1650/1678, Louis de Lespinay.

Sauvagerie (La). 1678. Louis de Goulaine.

Plessis (Le). 1608, René Provost ; 1630, Jean Gazet, sieur de la Tour ; 1632, Jeanne Gazet, femme de Lucas de Beauregard ; 1705. Jacques Lucas de la Championnière ; 1761/1792, Pierre Lucas de la Championnière, conseiller en la chambre des comptes de Bretagne ; 1799/1828, Pierre-Suzanne Lucas de la Championnière, conseiller général et député de la Loire-Inférieure ; 1829/1851, Paul Lucas de la Championnière, avocat à la Cour de cassation, éminent jurisconsulte ; nunc, Pierre-Lucas de la Championnière.

VUE

—

Au quinzième siècle, cette commune portait le nom de *Vuez*. Elle est à un myriamètre du Pellerin, à 17 kilomètres de Paimbœuf, et à 32 de Nantes. Elle a 1.950 hectares de superficie, et une population de 1.400 habitants.

Le bourg, qui jadis était appelé ville, est un des plus anciens du département. Il est traversé, dans toute sa longueur, par la route n° 23 de Paris à Paimbœuf. Au seizième siècle, il était entouré de fortifications que le duc de Mercœur, chef des Ligueurs, fit raser.

Non loin du bourg, on trouve une fontaine consacrée à sainte Anne. De nombreux pèlerins viennent, le 26 juillet de chaque année, adresser des prières à la mère de la vierge Marie, et boire de l'eau de la fontaine.

Le territoire est fertile. On voit dans cette commune des fours à briques et à tuiles.

On dit que la chaussée Leray, qui conduit de Messan à Vue, contient des vestiges d'une voie romaine.

La maison de la Blanchardais était la demeure des anciens seigneurs de la paroisse,

FIN

J'ai terminé la tâche que je m'étais imposée. Si cet ouvrage peut plaire à quelques-uns et être utile à quelques autres, je me trouverai heureux de l'avoir entrepris.

DE VEILLECHÈZE.

Vannes. — Imprimerie LAFOLYE.

www.ingramcontent.com/pod-product-compliance
Ingram Content Group UK Ltd.
Pitfield, Milton Keynes, MK11 3LW, UK
UKHW022115190726
13855UKWH00003B/865